ジョン＝リュック・トラクセル〔著〕
福岡みちる〔訳〕

奇跡の裏側

あるスイス人伝道者の人生

キリスト新聞社

奇跡の裏側 ―あるスイス人伝道者の人生―　目次

まえがき

本書は Jean-Luc TRACHSEL, Dans les coulisses d'un miracle, Edition première partie, 2016 を一般の日本人にも分かりやすく翻訳したものです。＊記号による説明（段落ごとに配置しました）はすべて訳者によるものです。著者自身による他の説教などから詳細を補足した箇所もありますが、快適な日本語読書のため補足箇所を示す括弧などは省略しています。詳細の補足に用いた主な説教などは以下の通りです。

https://emcitv.com/page/video/la-soiree-du-surnaturel-en-live-191137.html
https://www.youtube.com/watch?v=7iKq25Qqf7M
https://www.youtube.com/watch?v=I_Xp0ZyKhsM
https://www.youtube.com/watch?v=fXtzvjRlBh4

本書では特記のない限り、聖書の引用は新共同訳聖書（日本聖書協会）を使用しています。他の訳を使用した場合はその旨を記しました。引照箇所の書名は各翻訳聖書の凡例に従って略記しました。日本語の聖書で著者の引用意図を表現しきれないものについては著者使用のフランス語聖書（ルイスゴン一九七八改訂版、通称「鳩表紙」）より直接訳出し、慣例となっている略号ＳＥＲで示しました。

推薦の言葉

神は今でも聖書に書かれているような「奇跡」を行われるのか？　その舞台裏はどうなっているのか？　神癒について多くの人が持つ質問に、ジョン＝リュックのこの自伝は、答えを与えてくれるでしょう。奇跡の「裏側」へと私たちを連れて行き、その成り立ちや実践面の問題まで教えてくれる本書を、全員が読み、学ぶことを願っています。

ラインハルト・ボンケ（伝道者）

著者は幼少時に神と出会い、次第に大きな奇跡の力を神から委ねられるようになったのですが、それは人生の中で数々の厳しい試練を経験することを通してでした。山あり谷ありの人生を、常に神と共に歩む一人の信仰者の姿は「地上において神と共に天国を生きること」の具体例を教えてくれることでしょう。

ジェラール・トンボワーズ（医師）

「説教者というのは普通の人間のような戦いとは無縁だろう」と人は考えがちです。しかし実際は、弱くちっぽけな人間に過ぎず、そこに偉大な神を乗せているだけなのです。この本の中で、ジョン＝リュックは自分の脆《もろ》さを曝《さら》け出し、恐れとの戦いやその中で学んだことなどをすべて包み隠さず語ってくれています。人間は、誰しも己の戦いがあるものですが、神と共にあるならば、いつでも私たちは勝利者以上の者になれるのだと思います。

この本を読むあなたが、「自分も神の御言葉に立つことができる」「周囲に福音を語ることができる」「病のために祈ることができる」という励ましを受けられますようにと願っています。キリストの弟子（クリスチャン）は誰もがその使命をいただいており、ジョン＝リュックの場合と同じように、この使命は個人的な神との交流（デボーション）の時間から始まり、豊かに広がってゆくことでしょう。

ハイジ・ベイカー（宣教師・孤児院経営者）

第一章　子ども時代

出自

私の一族はスイスのベルナー・オーバーラント出身で、言語はアレマン語（ドイツ語の方言）でした。信仰においては、十九世紀の信仰復興《リバイバル》から生まれた「ブレザレン」という保守的で完璧主義の、地元では良く知られたグループに属し、母方の家系もそこに加わるまでは「再洗礼派《アナバプテスト》」（宗教改革期に数万人が殉教）でした。私はそうした熱心なクリスチャン一族の、代々教職者などが続いた中の五代目として生まれた者です。

ブレザレンの家庭はたいていが農家でしたが、私の祖父も山間の町フルーティゲンからさらに分け入った「丘《ビュール》」と呼ばれる僻地《へき》で細々と農業を営み、自宅を「集会」（他教派でいう教会）の会場として解放していたため、牧師の役割も果たしていました。毎年聖書の朗読と説教のために二～三千人が集まるブレザレンの大会があって、祖母はその料理係を引き受けていました。第二次世界大戦が始まると、どこの家庭もそうだったように祖父母も物不足に見舞われたため従来の農業に加えて暖房用泥炭の売買を始めたのですが、不幸にも一九四四年のある日、泥炭運搬中にロープウェイのドアが空中で突然開くという事故が起こったのでした。この事故のせいで、二歳の男の子（私の父）とお腹の子を連れて一人で残された祖母は、丘《ビュール》では暮らせないのでフルーティゲンへ下りてしばらく製造関係に勤めた後、その地域を離れてジュラのドレモン（フランス語圏）にまで流れ着きました。そこで何とか鉄道関係の仕事を見つけて、再婚することなく女手ひとつで二人の息子を育て上げたのです。私は、人生の嵐と荒波を静め（ルカ八・二五）、翳りなく熱烈な信仰を守り通してきた（二テモ四・七）偉大な信仰者であるこの女性から大きな影響を受け、彼女に対して特別の愛情と深い敬意を抱いていますが、彼女にとっても、福音宣教者になることを志した私は、孫の中で一族の後継者として特別な存在でした。彼女は生涯たゆまず私たち家族のために祈り続け、この本を書いている今も九十八歳ですが元気で、夜は天使に起こされて私のために祈るそうで「まだ生きているのはそのためだけだ」と言っています。

さて、その祖母に育てられた私の父もパイオニア精神に恵まれた人で、地元で機械整備士になる勉強をしたかと思うと小学校教員になり、コンピューターの時代が来ると今度はプログラマーアナリストに転身しました。新しいことやチャンスを逃さないタイプだったのです。信仰の領域でも同じで、先祖と同じく神への強い飢え渇きを持ち、信仰を深める何かしらの新しい経験を求めていました（ブレザレンのグループは運動の初期には奇跡や霊的な経験などが見られたものの、その後はそういったことに対して特別オープンな態度ではなくなっていたからです）。そういう状況の中で、ある時地元のドレモンで仲間たちと一緒に霊的な体験をした父は、神をさらに知ろうとして他国（フランス）にまで行くことに決めました。シャロン＝シュル＝ソーヌの近くにアルベール・ビュルカール＊がちょうど新しく始めたポルト・ウベルト・クレティエヌという聖書学校に入学したのです。その後イギリスのエリム・バイブル・カレッジにまで学びに行きましたが、そこはブレザレンではなく、奇跡や霊的体験を神の力の生き生きとした現れとして重視する「ペンテコステ」というグループでした。学び終えると、（当時エリムからはアフリカか、ブラジルのマトグロッソ州に行くと相場が決まっていましたが）父は「自分が遣わされる場所は母国スイスだ」と確信して帰国し、企業や団体でコンピューター関連の仕事をした後に自分の会社を立ち上げて、主にフランス語圏の病院にゼロからコンピューター・システムを導入していくという役割を社会において果たしました。信仰面では、一九五二年にアメリカから始まって世界中に支部ができたペンテコステ系のクリスチャン企業家ムーブメント「フルゴスペル実業家親交会」のスイスにおける発展を支え、子ども時代の私も、そのムーブメントの中で育てられたのでした。

*二十世紀の有名な伝道者。第四章に再び登場。宣教団体アクション・アポストリク・アフリケーヌ創設者であり、アフリカ各地で伝道した。以下に簡単な紹介（フランス語）がある。
https://famillezeller.blogspot.com/2015/03/heros-de-la-foi-en-francophonie-17.html

父は、私たちに「万事に方針をもって行動すること」を教えてくれました。その一方、母はあふれる愛情で包んでくれました。毎朝早くから夜遅くまで不在の忙しい父の分も、母が常に私と二人の妹のために一緒にいてくれ、毎晩必ずベッドの横で私たちと一緒に祈り、父と共に聖書の内容をほとんどすべて話して聞かせるなどして〈主《しゅ》への畏れ〉を継承してくれました。私が心配事に囚われた時におでこを撫でて安心させてくれるのも母でしたし、私たちの遊びに長時間付き合ってくれる忍耐もあり、時間のかかるトランプ遊びやゲームなどを一緒にしていたのを思い出します。お洒落な女性で、家計的に美容方面の浪費はできなかったのですが、いつもきちんと化粧やマニキュアをしていました。いつでもそうでしたが今でも実際の年齢よりずっと若く見えます。私は母から少し心配性なところと、上品で洒落た物への嗜好《しこう》を受け継ぎました。彼女もそれをドレモン郡クルフェーブルの農夫だった父親から受け継いだのです。

神との出会い

さて、自分の人生で最初に神を深く経験した時、私はまだ五歳でした。目に見えないのに非常にリアルな〈神の臨在〉を感じ、「神なしには自分は破滅だ」と深く直感したあの瞬間のことは、今もありありと覚えています。これは聖書で〈罪の自覚〉*と呼ばれている直観で、それについては大人も子どもも関係ありません。聖なる神の御前《みまえ》で、私はあまりにもちっぽけな存在でした。両親に連れられて礼拝に行き、他のいろいろな集会にも出ていた私でしたが、このリアルな神との出会いは個人的なもので、この日私は自分の人生を神の御手に委ねたのです。

*特に悪事を働いたという意味ではなく、神の偉大さと聖性の前に、しょせんは人間に過ぎない自分

の卑小《ひしょう》さを自覚し強い畏怖を覚えることを指す。第五章に詳しい説明がある。イザ六・五参照。

それから一年ほど後、私の最初の体験を知っていた両親は、聖書に書かれている通り聖霊様を受けること（使八・一七、一九・六）を勧め、寝室でパジャマ姿の私に手を置いて祈ってくれました。すると、私の存在全体が説明できない熱に呑み込まれ、見えない火で頭の天辺から足の先まで満たされたのです（マタ三・一一）。私は自分の知らない外国語で語り、歌い始めました（マコ一六・一七、使二・三〜四）。それは本当に気持ちの良い、素晴らしい経験で、「神の愛撫」とも言うべきこの神秘的な経験の痕跡は、今でも私の心の底に宝物のように大切に刻まれています。この体験によって、私は自分が「神の子」とされたこと（ガラ四・五）、自分の「内におられるキリスト」（コロ一・二七）といった霊的な真理を、単に「聖書に書かれているのを知っている」という知識ではなく、ありありとした実感をもって体感するようになりました。この実感は私の中に神が置いてくださった〈分《ぶん》〉、すなわち相続財産であると聖書は語っています（エフェ一・一〇〜一一）。

それともう一つ、この体験の中で私は「全世界に行って、すべての造られたものに福音を宣べ伝えなさい」（マコ一六・一五）という神からの召命を強く感じたのでした。

この聖霊体験の後はまた通常の毎日が続きましたが、主の御声に対する私の感受性が少しずつ発達していることは家族も自分も分かっていました。ある時、父がドレモンでフルゴスペル実業家親交会の会合を開く準備をしていると、私が出席者の数を百九名と予知し、それは通常より相当多い人数だったのですが実際にその数字はぴったりだったということがありました。こういう形の予知が何度もあったため、私の人生に何か特別の神の御計画があるのだろうと両親は考えていました。といっても、子ども時代の私は「神と共に歩む両親にただついて行く」だけで、実際、両親は奉仕でも集会でも旅行でも、私と二人の妹たちに留守番をさせることはなく、いつも一緒に連れて行ってくれました。数々のコンベンションに行き、その雰囲気にどっぷりと浸かりながら両親の椅子の下で寝転がって絵を描いたり本を読んだりしていたものです。

私たち兄妹は、聖書の御言葉とその倫理によって、深い配慮をもって教育されました。と同時に、両親が仕事の面だけでなくキリスト教関係でも新しい流れを捉まえようとする人たちだったため、聖霊様の働きを重んじる国際的説教者と幼少期から多く接触することになりました。フランス語圏における大規模宣教集会の先駆者で、アフリカの大統領らとも親しかったジョン＝ルイ・ジャイエは私に霊的影響を与えた最初の人で、私は彼の説教をひたすら素直に吸収したものです。情熱にあふれたアルメニア人説教者サムエル・ハッァコルツィアンは、素晴らしい〈知識の言葉〉*の賜物がありました。フルゴスペル実業家親交会の創設者デモス・シャカリアンもまたアルメニア系で、ベストセラー『この世でいちばん幸福な人々』（日本語訳『地上最大の成功者』）の著者でした。T・L・オズボーン、ジョン・オースティンもいました。すべて信仰の人で、聖霊に満ち、奇跡に対してオープンな心を持っていました。過去の信仰復興《リバイバル》の報告にも私は強く惹き付けられ、病人を癒やす賜物を行使した説教者たちの伝記にはそれ以上に惹き付けられて、彼らの生き方に憧れました。聖霊様の現れを強く慕い求めるという私の生き方の原点は、ここにあったのだと思います。

＊一コリ一二章によると、神はクリスチャン一人一人に異なった能力を与えて他者の益を図るよう指示しておられる。各自に与えられたその能力のことを賜物と呼ぶ。〈知識の言葉〉はその一つであるが、実際は「言葉」に限らず映像情報も含めて「通常では知り得ないはずの情報を知ること」を指し、具体的にはいわゆる「失せ物探し」の能力にも似た現れ方をする。著者による「集会の人数予測」もその一つ。聖書中の事例は数多く、使五・三などは典型例。こうした能力が使一六・一六のような「占いの霊」の影響なのか、神の霊によるものなのかについては当然区別が必要であり、一コリ一二章そのものが、両者の区別を教える意図をもって書かれたと思われる。なお、〈預言〉〈知恵の言葉〉〈知識の言葉〉の相違について英語の説明が以下にある。

https://timbaderonline.com/prophecy/know-about-words-of-knowledge-wisdom-and-prophecy/

また、「知識の言葉や神癒の賜物は現代では廃れた」という教えがあってこれを英語で cessationism と言う。cessationism 発生の歴史的経緯はウィキペディア（英語）にも整理されている。

https://en.wikipedia.org/wiki/Cessationism_versus_continuationism

聖霊による真正の〈知識の言葉〉であってもその利用方法が不適切なケース（公衆の前で個人情報をさらすなど）も見られる。賜物だけが先走って人格的に未熟な場合、「悪霊だから」ではなく「愛や良識の欠落」に起因する問題が当然起こってくる。

このようにして子ども時代に参加した数々のコンベンションの中に、パリのウェールズ人牧師トーマス・ロバーツ（フランスにおける初期のペンテコステ運動の指導者）と、先のベルギー首座司教にして第二バチカン公会議四運営委員であったレオ＝ジョゼフ・スーネンス枢機卿による集会があり、私にとってそれが人生で最初に経験した「教派を超えた一致の集会」でした。私は今日まで常に「教派を超えた一致」を追い求めてきたのですが、その原点はここにあります。

また、「聖書を毎日読む習慣」を身に付けたのも子どもの時でした。初めて自分の聖書をもらったのは八歳の誕生日で、それ以来今日まで忠実に聖書を読み続けてきたわけですが、その理由は、子どものころ朝早く目を覚ますと、リビングの絨毯に座って膝の上に聖書を置き目を閉じて深く瞑想している父の姿を何度も見ていたからです。聖書を毎朝読むことは父の習慣で、その強い印象が、私も毎朝聖書を読むことのモデルになったと思います。

孤立と引っ越し

このように家庭内は平和だったのですが、社会的に言えば我が家は孤立していました。スイスは小さな国ながら、各地域に強烈な特色とプライドがあり、その中でもジュラは非常に難しい地域で（ドイツ語圏であるベルン州の中にありながら、ジュラだけがフランス語を話す地域だったため）、ちょうど私が小学校に入った頃、ジュラでは「ベルン州からの分離独立闘争」が過熱していました。うちはドイツ系なので「ドイツ系住民（ベルン人）に囲まれたフランス系住民（ジュラ人）に囲まれた一軒きりのドイツ系家族（トラクセル家）」という状況だったのです。ドイツ系住民と関係のある農場などは放火されたり、私の通っていた小学校でも、(昨今新聞を賑わす郊外の学校ほどではありませんが)教室では椅子が飛び交い、ポケットからナイフが飛び出すようなこともあった時代です。闘争の結果、私が八歳の頃この地域はベルン州から独立し、新しくジュラ州が生まれました。こうした状況の只中で、私自身はフランス語が母語ですが両親は違いましたし、周囲はみんなカトリックでしたが両親は自分の信念を明確に表明していましたから、我が家の社会的特殊性、宗教的特殊性、また私が個人として神に人生を捧げる選択をしていたこと、などのために私は必然的に周囲から浮き上がり、クラスでは虐めの標的になりました。

毎日のように校庭で「喧嘩」と称して(実際は私が反撃しないので一方的に)野次馬に囲まれてひたすらパンチを受けていたのですが、ある日それを知った父に「ジョン＝リュック、防衛しなくちゃいけないぞ」と言われたため、勇気を振り絞って早速翌日、自衛を自らの義務として殴り返したところ、驚いたのでしょうか、なんと彼らはそれきり私を殴るのを止めたのでした。それでも相変わらず、本当の友だちはいないままで、この孤立を取りたてて苦にしていたつもりはありませんでしたが、住民感情がもっと落ち着いたフリブール州へ引っ越すことになった時には、「これで解放される」と思うとほっとしたのを覚えています。十一歳でした。

新しい環境でも、小さな嫌がらせの類はありました。私は地域団の青年活動に関わらなかったし、みんなとディスコに行くこともなかったからです。私の服が古着だったことも馬鹿にされましたし、私が着ていたもらい物の中綿入り冬物ジャケットに付いていたティチーノ州のアイスホッケー・チームのマークも嫌われました。私はクラブチーム同士の戦いには興味がなく暖かい上着が欲しかっただけですが、私の新しい同級生たちは地元の誇りであるアイスホッケー・チーム、フリブール・ゴテロンのジャージを着ていたからです。こうした日常を通して私は「周囲の意見がどうあれ自分を貫《つらぬ》く」ということを学んだと思います。周囲に溶け込みたい、他の人のようになれたらいいという気持ちはありましたが、実際には、私の人格は流れに逆らうことと、他人と違う考え方をすることを通して鍛え上げられ、やがては周囲と違っていることを肯定的に捉えるようになっていったのです。また、特に頭が良い方ではありませんでしたが、常にベストを尽くすようにという両親の教えと支えによって一生懸命勉強もしました。

さて、フリブール州はジュラと同じくカトリックの地域で、ジュネーブまで広がる巨大で有力な司教区の司教座でしたから、州内に福音的な教会*は一つもありませんでした。いくつか開拓の試みはありましたが、成功したものはなかったのです。それでも自分の習慣に忠実な父は、フルゴスペル実業家親交会の新しい参事会（地域グループ）を始め、私も受付と、会員の連絡先をデータベースに入れる奉仕をしました。我が家で定期的に開かれていた会は、気取らない打ち解けた雰囲気の集まりで、自由に参加できる火曜夜の祈祷会も持たれるようになり、神に飢え渇いたカトリックの人たちが多く参加していました。リュシー（現ビラズ）の我が家の前に二十台くらいの車が停まっていたことや、毎回リビングの家具を動かして全員が入れる場所を作っていたことなど、懐かしく思い出されます。父はアコーディオンで、母はギターで賛美歌の伴奏をし、私も会場作りの手伝いやトイレ掃除をしました。

＊概略、いわゆる「福音主義の九か条」に賛同する教会を指す。
https://ja.wikipedia.org/wiki/%E7%A6%8F%E9%9F%B3%E5%90%8C%E7%9B%9F

この働きの中で多くの参加者が生き生きした個人的な信仰を再発見していったのですが、それはやがて信仰復興《リバイバル》のような勢いになり、その他に父が関わっていたフリブール州ネーリューとヴォー州サヴィニのフルゴスペル実業家親交会参事会もスイスで一番人が集まるようになって、神を新しい仕方で味わう家族が増えてきました。彼らは新しい教会を作ろうと言い出しました。父自身は一つの教会ではなく万人に奉仕する活動に忠実でありたいと願っていたので、既存の教会や教区のリストを作って彼らに配りましたが、彼らが集いたい教会は一つも見つからなかったため、結局新規に教会を始める以外の道はなくなりました。こうして教会が誕生することになったのですが、父の伝道の成功は教会の地域的住み分けを脅かすものとして妬みを受けることになり、教会のための土地と建物を探す中でも多くの妨害があって、五年以上もの間、物件を売ってくれる人は誰もいなかったほどでした。

召命への応答（十五歳）

以上のように、私の両親は「キリストに根を下ろし」（コロ二・七）た豊かな信仰生活の実例を、日常の生き方によって、それに加えていつもキリスト教の大会に私たちを連れて行くことによって確実に伝えてくれました。私は両親に深い感謝を感じていましたし、私の信仰生活は先祖代々一族に受け継がれた霊的遺産が強く刻印されたものでした。しかし「ついて行く」だけで満足できる時代は終わろうとしていました。一九八六年、義務教育の最後の年であった十五歳の時に私は今からお話しする三つの出来事を立て続けに経験し、それによって福音宣教者としての召命に応じる明確な決断へと導かれることで、人生の新しい段階へと入っていくことになったのです。

一つ目は自分の賜物に関する出来事で、グルノーブルで開かれたフルゴスペル実業家親交会ヨーロッパ大会の中で起こりました。幼い頃から参加していますから慣れたもので、何百人ものビジネスパーソンに混じって我が家のように過ごしていた私ですが、ちょっと休憩するために集会を抜け出して会場の外に出た時、出てすぐの回廊で男性が上り階段の手摺りに肘を着いているのに出会ったのです。すぐに、彼が胃を病んでいること、主が彼を癒したいと望んでおられることが分かり、その人に話しかけて一緒に祈りましたが、これはすべてのクリスチャンの内におられる聖霊様（ロマ八・一一～一六）の現れで、先ほどもお話しした〈知識の言葉〉という賜物です。自分にこの賜物が与えられていることを再認識し、面識のない相手が自分の祈りを通して癒される経験をしたことで、主のために働き、人々に仕える使命が自分に与えられていることを再確認した出来事でした。

二つ目はそれから間もなく、卒業試験目前の四月から五月にかけて起こった、就職に関する不思議な出来事です。実は私の卒業後の進路は未定で、どんな職業に就きたいのか自分でも分からずにいました。スイスでは進路として専門大学・普通高等学校・職業研修生*などの選択肢がありますが、きちんと決めて空きを探すための猶予《ゆうよ》はもうほとんどなく、目ぼしいところはとうに締め切られた後でした。そんな中で私はついに志望先を地域の銀行に決めましたが、希望者が殺到するこの研修先の応募締め切りは前年度の十月でしたから、なんと私は七か月も遅れていたことになります。ところが書類を送ると銀行からすぐに連絡が来て「面接したい」と言われたのです！　実は、五十倍もの倍率で合格していた一人の候補者が辞退した直後だったのでした。こんな経緯で奇跡的に銀行に入ったのですが、もしも七か月前にいわゆる当たり前の手続きで申し込みをしていたなら、文学系で成績は「可」の私にチャンスなどなかったことでしょう。これは私にとって、神に完全に信頼する生き方についての聖書の言葉「幸いなるかな、あなたを支えとする人々は！　彼らは心に真っすぐな道々を見出す」（詩八四・五＝SER、八四・六＝新共同訳）を実感した出来事で、「こんなに良くしてくださる神様に、自分の人生を捧げてお仕えしたい」と心から思ったのでした。

＊就労と職業訓練校での座学を組み合わせた、スイス独自のシステム。そのまま同じところに就職できる。

そして迎えた中学最後の夏、三つ目の出来事ですが、私はいろいろな聖霊様の御業《みわざ》を経験しました。以前から両親に連れられて毎年参加していた英国サマーセットのバイブル・キャンプ「バイブル・ウィーク」で、祈りの雰囲気の中に何千人もが集って主の御臨在を手で触れるほどありありと感じた集会が最初でした。その集会では私のすぐ前の列に、歳は私より少し下じゃないかと思うのにすでにつるっ禿げの男の子がいたのですが、賛美が続く中、なんと彼の髪は見ている私の目の前で数分の内に綺麗に伸びていったではありませんか。彼はステージに上がってその奇跡を証しました。このような形の「私たちを直に取り囲み奇跡を行われる神の臨在」を体験したのは、私にとって初めてのことでした。またこの時のキャンプでは、神の〈息〉すなわち聖霊様が「大きな音を立てる息吹」として列席者に臨まれる*のを初めて経験したことも印象に残っています。この〈息〉に直接触れた参加者には、それが通常の気象学的な現象でないことは明らかでした。

*聖霊を指すヘブライ語「ルーアハ」やギリシャ語「プネウマ」は「息」「風」を意味する。ヨハ二〇・二二、使二・二など参照。なお、キリスト教においては、神の「一」という性質すなわち唯一性は「三」という性質すなわち「父」「子」「聖霊」の三位格と神秘的に両立すると考えられている（つまり聖霊は神であり、かつ神の息である）。

「バイブル・ウィーク」のすぐ後、当時すでに私たちのフリブール教会にできていた小さな伝道チームが開催した、スイスのヌーシャテル湖畔キャンプ場における夏の伝道キャンプでも、私はサマーセットで感じた霊的雰囲気の中に引き続き留まっていました。歌、ダンス、クリスチャンの体験談といった出し物を準備する中、人々が神に立ち返るのを見たいという強い願いが起こされた私は断食と祈りをもってキャンプに備えたのですが、そのせいか、キャンプの期間中それまでになく何度も聖霊様に捉えられる体験をすることになりました。例えば、祈っていると自分の霊の内に一人の男性が病気でテントにいる姿が見え（使九・一二）、実際その後にキャンプ場の遊歩道でその人が奥さんに付き添われているのに出会いました。すぐに、祈りの中で見た男性であること、腹部の脈管に重篤《じゅうとく》な問題があり、夫婦間にも問題を抱えていることを〈知識の言葉〉によって教えられました。フルゴスペル実業家親交会と違って、おそらくクリスチャンでもないこの見知らぬ夫婦に十代の私が〈知識の言葉〉を伝えるのは非常に勇気が要りましたが、今は伝道キャンプ中ですし、私はこの地に神の救いが現れるように祈ってきたわけですから、思い切って彼らを呼び止め、心にあることをおずおずと喋ったのでした。その結果、彼らのために祈らせてもらうことができ、彼らは主との出会いに導かれたのですが、その祈りの時、「神の力が自分に入り、自分を通って彼らへ流れて行く」のをはっきりと感じました。聖霊様の不思議な御業を通して人々が主を信じるようになるため、自分が召されていることを確信した出来事でした。

一九八六年という年は、以上のような一連の流れがあり、自分の人生に対する主の明らかな〈厚意〉（創六・八）と自分の人生に与えられた召命について深く祈り考えていた私は、ヌーシャテル・キャンプの最終日、内心の深いところで主に自分の人生を細部まで完全に明け渡し、ブレザレンの伝統に則《のっと》って、働きながら福音宣教活動を行う「兼業伝道者」になることを決心しました。次のように祈り、主と契約を交わしたのです。

「私は生来《せいらい》恥ずかしがりですし、何を話せばいいのか分かりませんから説教などできません。けれども、あなたに従います。あなたが私の口に言葉を満たしてくださると信じて進みたいと思います。私の人生をあなたへの奉仕に捧げる代わりに、主よ、将来私に妻と子どもたちができたら、私があなたのために旅をしている時あなたが彼らの面倒を見てくださいますようにお願い致します。それと、**私があなたの御言葉を語る時、聞く人の人数が多くても少なくても、しるしと不思議と奇跡と癒しをもってあなたの言葉の確かなことをお示しくださるように**（マコ一六・二〇）お願い致します」

主はこの祈りに真剣に向き合ってくださったと思います。今日に至るまで、違えることなく常に主はこの契約を尊んでくださってきたからです。

第二章　消えない炎を受けて

「ファイヤー・カンファレンス」での経験（十六歳）

　前章でお話ししたような経緯を経て、父の教会の正規スタッフとして正式に伝道者生活のスタートを切った私ですが、だからといってすぐに活発に熱心に伝道活動に従事できたのかというと、実は決してそうではありませんでした。内気すぎる私が自分の信仰を堂々と人前で証しする勇気を持ち、奇跡としるしを伴う福音宣教の使命へと本当の意味で進んで行くには、今振り返ると「神体験」という点でさらにもう一つ必要なものがあったように思います。それは、「内に燃える消えない炎」（エレ二〇・九、マタ三・一一、ルカ一二・四九、一テサ五・一九）を受け取ることでした。そしてそれが私の身に起こったのは、年が明けて一九八七年にフランクフルトで行われたラインハルト・ボンケ＊の集会、その名も「ファイヤー」カンファレンスにおいてだったのです。それ以来今日まで「焼き尽くす火」（ヘブ一二・二九）が私の中にあり、それを消せるものはありません！　私の中に開拓者精神と勝利者のマインドを育て、常にチャレンジしリスクを取るように導き、信仰経験においても常に限界を押し広げる生き方を選ばせてきたのは、決して自分の持って生まれた性質などではなく、この「内なる炎」なのです。

＊長年にわたってアフリカを中心に伝道し八千万人近くを回心に導いたとも言われるドイツ人伝道者。一九八六年から団体の本部がフランクフルトに置かれていた。

ボンケ師自身は昔からスイスのラ・タンヌとサヴィニに説教しに来ていた方で、面識もあったのですが、一九八七年のその日、何百万人ものアフリカ人が癒され解放され聖霊に満たされて地元の教会に集うようになった彼の大規模宣教活動の記録映像の数々を巨大なスクリーンで見た私は、情熱と権威に満ちた彼の説教とそのビジョンの大きさに、それまでになく捉えられました。まさしく「燃える炎を受けた」としか言いようがなく、自分の内側で確かに何かが根本的に変化し、体の中で本当に火が燃えているように感じたのです。そして、集会に集ったドイツ人の大会衆が「アフリカは救われる！」というボンケ師のアフリカ宣教スローガンを連呼する中に混じって、なぜか私は「ヨーロッパは救われる！」

と一人で叫んでいました。それは頭で考えたのではなく、自分の願望でもなく、聖霊様の叫びであり、聖霊様が火の文字をもって私の心に書きつけられた言葉（ハバ二・二～三）のようでした*。

*著者は以下のインタビュー（フランス語）において、六歳の聖霊体験中に「ヨーロッパは救われる！」との肉声を聞いた、と述べている。従って、十六歳のカンファレンスの中で一人叫んだ「ヨーロッパは救われる！」は、単に会場で聞いた「アフリカは救われる！」をその場で捩《もじ》っただけのものではない。

https://www.youtube.com/watch?v=k0_gRV5d99Y

そして、集会の中でボンケ師自らが希望者に手を置いて祈ってくださるという招きがあった時、私はその招きの言葉がまだ終わらないうちから会衆座席の上を走り抜けるという無茶をして、一番乗りで舞台の前に到着し祈ってもらったのでした*。生来の内気さなど、完全にどこかに消えていました。

*いわゆる按手《あんしゅ》（一テモ五・二二、二テモ一・六）。聖書においては、使八・一七や九・一七に見られ

るように、人を経由して神の祝福を受けることも重要である。また、サム上一九・一九〜二四に見られるように特定の力や働きを与えられた人物との接触によって一種の「伝染」が生じることがあるが、ボンケ師は特に「炎」の人として知られ、聖霊の炎についての説教が多い伝道者であった。

このファイヤー・カンファレンスを境に、私は本当に変わりました。燃える炎が内側にあって大胆に宣教せずにはいられなくなり、それまで決して行ったことのないような伝道活動を始めたのです。それともう一つの変化は、この内なる炎を持つようになってから「イエス様の優先順位は、宗教クラブの形成と運営ではなく、滅びゆく人々を捜索することである」と心から確信するようになったということです。しばしば教会では、伝道よりも教会員が快適な教会生活を送ることに力を注がなくてはならない状況になりますが、教会をクルージング船にたとえるなら、それは周囲の波間で人々が溺れているのに、クルージングを楽しい時間にするためにばかり責任者たちが時間を費やすようなものではないでしょうか。イエス・キリストの弟子のいるべき場所は救命ボートであり、全力を注いで、神を受け入れる用意のできた人々を「溺死」から救うことが委ねられた仕事だと思います*。

＊このたとえは著者が実際に見たまぼろし（第五章参照）に基づいている。

ヨーロッパへの情熱

ところで、ヨーロッパ人は公教育カリキュラムによる宗教教育も受けているしキリスト教国だからイエス・キリストのことも分かっているだろうと思うのは間違いです。**神が自分という個人を知り、愛し、最善を願っておられること、抜け出せない悪癖や人生の悩み苦しみからも解放しようとしておられること**を知らない人が多くいます。キリスト教離れが進んでいると言われて久しいですが、それは神御自身をきちんと知った上で拒絶しているのではなく、空疎《くうそ》な言葉や単なる儀式に失望しているだけなのです。確かに、キリスト教という「宗教」は（それで心が軽くなったり良い気分になることがあったとしても）救ってはくれません。**イエス様というリアルな存在だけが救ってくださる**のです。ですから、イエス様をきちんと紹介しなければなりません。

そういうわけで、私は「ヨーロッパ人にイエス様を紹介する」という情熱に燃えてファイヤー・カンファレンスから帰りましたが、そういう時、悪気のない人々が善意で水を差してくるのはよくあることです。「君の熱狂は理解できるよ。でも見ててごらん、それは消えるよ。君は大群衆が集まる大会から帰ってきて、我を忘れてるんだ。でも月曜日になって職場の日常に戻れば、それは消えていくものだよ」。確かに私は、元通り三つぞろいにネクタイを締め、フェルトを敷き詰めたようにしんと静まりかえったお堅い職場に戻りました。しかし、私の内なる炎は何日経っても消えず、以前は自分の信仰について公衆の面前で話すことに遠慮があった私なのに今では福音を宣べ伝えたくてたまらず、従業員用掲示板で異彩を放つ（私が書いた）太文字のドイツ語「イエス様は生きておられる！　ヨーロッパは救われる！」＊の通り、心の中ではいつもファイヤー・カンファレンスで見たビデオの映像が再生されていたのです。

＊休暇中に旅先から絵葉書を送り合うヨーロッパの習慣に従って、著者がカンファレンス会場のドイツから職場宛てに送っておいた絵葉書。

「そうだ、アフリカと同じように、ヨーロッパも救われるのだ。アフリカ中で大群衆が福音を聞くために集う姿、あの熱い火、あの燃える炎。ヨーロッパでも同じコンセプトでやろう。すぐにでも実行に移そう、あちこちのスタジアムを借りよう。手始めに近隣の大きな都市ロモンのサッカースタジアムを借りよう。素晴らしい聖霊様の御業が現れるぞ」。私はそのように思っていたのですが、実際にプロジェクトを進めていくと、予想よりもずっと難しいことが分かりました。心配され反対され、伝道熱心な自教会ですら、これに関しては乗り気ではありませんでした。というのは、ほぼ百パーセントがカトリックの、福音的な教会がほとんどない地域で、下準備の期間もなくいきなりそんな大規模な活動を展開することは非現実的だったからです。その上、主御自身にも「あなたが野望を抱いているような福音宣教のムーブメントは、もっとはるかに祈りに根ざした準備の働きが必要である」と注意されました。そういうわけで、私は「即行動、即成功」から方針を変え、一九八八年に毎週土曜日の「信仰復興《リバイバル》早天祈祷会」を始めることになったのでした。

それは朝四時から八時の祈祷会で、教会の建物を使わせてもらえなかったため、ある民家の地下室で始まりました。私はしばしば金曜夜の教会の集会で証をすることになっていたため夜が遅かったのですが、それでも土曜日午前四時には必ずその地下室に集い、毎回司会者として祈祷会をリードしました。自分の内にある炎によって、そうせずにはいられなかったのです。その後いろいろあって会場は別の町に移ったり元の町に戻ったりしましたが、段々と参加者も増え、凍える寒さの地下室ではなく普通にリビングルームで集会を持てるようにもなりました。月に一回は金曜の午後八時からの徹夜祈祷会でした。結局この信仰復興《リバイバル》早天祈祷会はなんと十年間続き、老いも若きも、神のムーブメントがこの地域で、また全ヨーロッパで起こされるのを見たいと飢え渇き祈り続けたのでした。燃え続ける祈りの火の中で、私は「ヨーロッパは福音の光を見出すことを本当に待ち望んでいる」と真に深く確信することができ、山々、丘々から幾千幾万の人々が神からのメッセージを聞こうとして駆け下ってくるビジョンを心に深く刻んだのです。最初は四名だったのが次第に百名以上集まるようになり、祈りの炎は燃え続けました。「神が働かれるのを見たい」という私たちの切なる飢え渇きは、祈りという「種《たね》」となってその地に蒔かれていったのですが、現在この地域は祈りの結果を刈り取り、私自身も自分のミニストリーの中でこの時期に積まれた祈りの果実を収穫させてもらっていると思います。本当に、あの頃主が教えてくださった通りで、スタジアムをいくつも満杯にするというのは**熱心で忠実な祈りを必要とする**業なのです*。

*東ヨーロッパでは最初から大きく用いられた（第二章参照）著者の活動も、西ヨーロッパにおいてはなかなか大群衆を集めるようなことにはならず、初期は数十名といった規模の集会が続いた。なお、

種蒔きと収穫の法則は聖書における主要な教えの一つで、詩一二六・五～六他、多くの箇所に見られる。

聖霊様との交流

この早天祈祷会と並行して、聖霊様との個人的交流も深まっていきました*。聖霊様はポジティブな、またネガティブな感情を持ち、私の振る舞い一つで喜んだり悲しんだりなさることを知りました（エフェ四・三〇）。私は聖霊様を本当に愛していたので、喜んでいただきたいと思いましたし、聖霊様を悲しませると自分の心にも痛みを感じるようになっていきました。聖霊様とクリスチャンの感情は本当は隔絶している訳ではなく、聖霊様の悲しみは実は私たちにとっても悲しみなのです（逆も然り）。こうした経験を通して、真のジェントルマンであり、非常に繊細で、苛烈さといったものを感じさせない存在であるこの聖霊様の臨在と反応に対する私の感受性は段々と発達していきました。よく長期断食をしましたが、それは何か願い事や目的があってとか、神にアピールする手段とかではなく、ただ聖霊様との関係を深く味わうためだけのものでした。聖なる鳩《はと》すなわち聖霊様（マタ三・一六）が逃げてしまわれないよう、ベッドの上で身動きせずに長時間座っていたりもしました。極端だったかもしれませんが、私はそれほどまでに聖霊様の臨在に渇いていたのです。聖ベルナルドゥスは「聖霊は神の口づけである」と言っていますが**、私は聖霊様を恋い慕い、それは当時の私を日常生活から切り離してしまいました。もはやテレビも映画も見ず、外出もせず、クリスチャンの友だちとすら遊ばなくなり、自分の部屋にこもって瞑想したり聖書を読んだり、神を思って時間を過ごす方を好み、いつまでも断食を止めず、あまりにも痩せて、ついには両親から断食を禁止されたほどでした。今振り返ると、一生そのように生きるのは不健全ですしいろいろと不都合がありますが、人生の一時期をそのように過ごす（ルカ一・八〇）のは大きな恵みであり、霊的進歩を助けるものだと思います。

*ヨハ一四・二六、一五・二六、一六・一三〜一五などは特に「神に従う者と親しく交流し、教え導く」聖霊の役割について説明している。

** http://evene.lefigaro.fr/citation/saint-esprit-baiser-dieu-24547.php

聖霊様の御声と促しに従うのも、この時期に学んだことです。「祈らなければ」という強い印象を感じて真夜中に目覚め、祈るという経験を何度もしましたし、車を運転している時、目的が分からないまま「止まりなさい」という聖霊様の御声を聞いて停止することもありました。「議論せず直ちに従う」ことの反復練習＊によって、日常を聖霊様と共に、聖霊様に従順に生きるということを身に付けていったのです。今では当然のように、自分の意思ではなく聖霊様の御意思を求め、自分の感情ではなく聖霊様の御感情に注意深くあろうとするようになりました。注意を向ければすぐに、傍におられるのをいつもきちんと感じることができますし、親しい友のようにコミュニケーションができます。初期は（今から思えば）日常生活を犠牲にした特訓のようでしたが、その時期に定着したこの近い距離感の関係性は普通の生活を送るようになった後も失われず、現在では日常の中で聖霊様と交流することが容易になりましたし、「自分が今していることは正しいのか否か」と迷うことも格段に少なくなりました。確かに、神の御意思を見分けるために少し静止しなければならない場合もありますが、多くの場会は静止することなく御心を受け取れるようになったように思います。使徒パウロが「私たちはキリストの思いを持っています」（一コリ二・一六）と述べた通り、それは私の中にあるのです＊＊。私たちの内に生きたもう神、そして神の内に生きる私たち（ヨハ一四・二〇）、それは「神秘」としか言いようのないあり方です。

*ある「促し」が聖霊の導きであったのか否かは「結果」によって判断できる。人間自身が霊的な存在であり、この世には聖霊以外の諸霊も存在することから、「記録と事後評価」の反復練習を欠くクリスチャンは、次第に聖霊と他の霊を混同し、常軌を逸していく可能性がある。

**聖霊とクリスチャンの霊は混じり合った状態にあると見なされる場合があり、「神の御心に適う意思」のうち、何が「自分の意思」（フィリ二・一三）であり何が「聖霊の意思」（ロマ八・二七）であるのか、区別が難しい場合や区別が不要な場合があるということ。

しかしその一方で、聖霊様は決して人間側の理屈と常に一致する御方ではないということも分かるようになりました。神の御思いは、人の思いとは異なるのです（イザ五五・八）。時には、無意味と思えることをさせる衝動が聖霊様から来ることもありますが、それは私の理屈と一致していないだけであって、必ずしも無意味だと決めつけることはできません。聖書の原則に照らしつつ、良識をもって、一方で自分の見栄やプライドは捨てて、素直に従っていく時、思わぬ良い結果に繋がっていくものです。それこそがクリスチャン人生の醍醐味《だいごみ》であると言えるかもしれません。

初期の伝道活動（十七歳〜二十二歳ごろ）

さて、ヨーロッパの救いの話に戻りましょう。地下室で始まった早天祈祷会が盛んになるにつれ、伝道活動も本格化していきました。仲間たちと伝道チームを作り、都市や避暑地に出かけて行って広場の噴水に上って福音を語ったり、音楽祭に参加して賛美歌を歌ったり、村祭りや若者向けのスポーツ・文化イベントでスピーチをしたり、飲み屋にまで行って伝道したものです。時には馬鹿にされたり、殴られたり、警察に捕まったりまでしながら、今思えば、内に燃える炎とティーンエージャーの向こう見ずさから来る少々極端な活動ぶりだったと思います。大した結果が得られたわけではありませんが、まったき心（代上二八・九）で行動し、主の訓練を受け、自分を捧げ尽くして、同じ火を心に持つ仲間たちと一緒に突き進んで行った、良き日々でした。例えば、私の大好きな聖句「神の国は言葉ではなく力にある」（一コリ四・二〇）から取った言葉「力」をテーマに、自治体の施設を借りて集会を開いた時は、スピーカーを積んだジープで「今晩、神様の力が現わされます！　見に来てください！」などと集会案内をしながら、集住地がなく多数の小集落に分かれている村の路地をくまなく走破したことを思い出します。

今ではもう、あの頃のように極端な活動をすることはありませんが、あの頃より今のほうが百倍も千倍も多い収穫を見るようになっています。（もちろん、神に出会ったばかりの若者であっても神は力強く用いてくださるのですが、それでもやはり）自然界を見ても、リンゴの苗木は一年目で実を結ぶことはなく、二年目にも実を結ばないけれど、成熟すると、何百、何千の実を老木になっても結ぶように、神への奉仕も根気強く忠実に長年続けていくことが大事なのだと思わされます。

それと、結果はともかく初期にいろいろ無茶なことをやってみたおかげで、効果的な福音宣教のあり方について、一つ非常に重要なことが分かりました。それは「奇跡による伝道」です。例えば、伝道経験のある人なら知っていると思いますが、信頼関係のない相手は、最初からキリスト教の話だと気付くと、普通は逃げます。イエス様がどれほど素晴らしい存在であっても、相手の心の状態、お互いの関係、イエス様を紹介する仕方といった細部も重要なのです。伝道にはトラクト配布や、音楽その他の出し物による伝道など、いろいろなやり方がありますし、通行人相手に、それどころかカフェのテラス席に着いている人にいきなり声をかけて熱弁を振るったり、数分以内で福音のメッセージを説明してしまうメソッドなどもありますが、やはり、個人的な信頼関係の中でのやり取りのほうが、より相手のニードに沿った話ができるように思います。個人的な信頼関係と言えば、戸別訪問・施し・愛を示す・無言の手助けといったことが考えられます。しかし結局、私が初期の熱烈な伝道活動を通じて悟ったのは「真の違いをもたらすのは、多くの場合、話の上手さでもその他のどんなコミュニケーション技術でもなく、奇跡である」という事実だったのです。

奇跡は高慢で頑なな心に衝撃を与え、柔らかくします。それも興味本位の超常現象ではなく、病や苦しみの中で絶望し、解決を求めているその人の当面の現実的必要にぴたりと合う神癒の奇跡は、神への感謝と畏敬の念を芽生えさせます。私の初期の伝道活動の中で、最初の「癒しの集会」つまり福音を語って病人のために祈る集会をヴォーリュという小村で行ったのですが、村中の家々のポストや車のフロントガラスに案内を挟み、ポスターを貼り、マイクとスピーカーを持ってあらゆる路地を行き巡り「イエス様はここにおられます！　イエス様は癒してくださいます！」と言って、レストランの奥の居間で行われるその夜の集会の案内をしたところ、なんと八十人もの出席者がありました。癒しを必要としている人は多いので、癒しの集会には人が集まるのです。驚いたことに、教会への激しい敵意で知られた一族の男性で「幽霊農場」と呼ばれる地所に住んでいた人物さえも出席しました。癲癇《てんかん》で苦しんでいたからです。彼はその集会で癒されて信仰に入り、他にも多くの人がイエス様を信じました。あの時から今日まで私は神癒伝道集会を開催し続けていますが、マルコ一六・二〇にもある通り、やはり奇跡を見ることは人間が神の前にへりくだり信仰に目覚めるためのもっとも効果的な方法であると感じています。

新婚旅行（二十二歳）

さて、こうした活動で忙しかったため三十歳まで結婚しないつもりだった私ですが、実際は二十二歳で結婚することになりました。相手は中学の頃から知っているジョジアーヌです。例の信仰復興《リバイバル》早天祈祷会に家族そろって忠実に出席してくれている以外には特別何もない相手でしたが、十八歳の時、この人が自分に与えられた配偶者ではないかという導きを感じるようになり、その後いろいろあって結婚へと導かれました。彼女に誠実でありたかった私は、自分の召命や、伝道旅行に明け暮れる人生になることなどを先に説明し、ついて来る覚悟があるか尋ねる、というロマンチックさに欠けるアプローチをしてしまいましたが、幸いなことに彼女は主への大きな愛を心に持ち、私とまったく同じように、主の炎に燃えている女性だったのです！　私たちのデートは毎週土曜日の朝八時、祈祷会の後で彼女を祈祷会の会場になっていた町から彼女の自宅まで送っていくことで、私はそのまま路傍伝道に出かけるという日々が三年間続きました。そして、一九九二年十月の終わりに二人は結婚式を挙げたのでした。

結婚と言えば新婚旅行が付き物ですが、私たちは普通の新婚旅行ではなく、聖書と医薬品と食料品を満載した車でウクライナへの伝道旅行に出発しました（「鉄のカーテン」が消滅し東ヨーロッパが開かれつつあった頃です）。この変わった新婚旅行は、結婚を通して主に仕えるということ、つまり「結婚を捧げる意思」の表明で、経済面でもすべてを捧げるように導かれたため、新婚三日目にして無一物の状態でした（車は現地で寄付することになっていました）。こう書くと、いかにも燃える炎に突き動かされた伝道熱心な新婚夫婦が何の迷いもなく突き進んで行ったかのように見えるでしょう。しかし実は、まったくそうではありませんでした。私は生来不安が強い性質ですし、東側の事情はまだまだ非常に不透明で「貧しさと混乱の中にある」ということぐらいしか分からず、しかもこの大冒険の出発前夜は一晩中嵐が吹き荒れて「大丈夫だろうか」と不安を掻き立てられ、さらに夜が明けると嵐の置き土産として倒木の枝が道路を塞いでおり、車で出発するためには私がそれを撤去しなければならなかったのです！　とてもではありませんが、旅行に出発するような気分ではありませんでした。「本音を言えば、僕は冒険なんかあまり好きじゃない。僕はスイス人で、音楽の楽譜のようにきっちりした計画表のほうが好きなのに！」と思いつつも、主を信頼して、とにかく予定通り出発したのでした。

　私たちの車はオーストリアとハンガリーを通って行き、ついにウクライナ税関の長い長い列に並びました。なぜそれほど長いかというと、ただ国境をまたぐのに、まだソビエト時代かと思うほどの書類の山と全車両検査が必要だったからです。やる気満々の税関職員が車両一台一台の下まで鏡に映して検査しており、気が遠くなるほど時間がかかりましたが、この国境を抜ければ無政府状態の荒廃の中でマフィアが支配する未知の世界が待っていることを思えば、検査が終わってしまうのも気が重いことでした。何とか入国した後も、ガソリンの補給の当てもないままメーターはレッドゾーンにありましたし、夜の闇の中をGPSも地図もなしに広大なカルパチア山脈を抜け出さなければならず、生きた心地がしませんでした。普通に考えれば不可能なのは分かっていましたが、とにかく妻と一緒にただ主を見上げて祈りつつ運転を続けました。車の中で数時間眠ってから再び出発した時には、メーターはもはやピクリともしていない状態だったものの、後から分かったところでは、私たちの車はちゃんと真っすぐキーウに向かって進み続けていたのです！「神が本当に奇跡を行われたのだ」と私たちが落ち着いて理解できたのは、ガソリンも地図もなしに何百キロも走った後のことでしたが。

こうして、出発から約三十時間で見事キーウに到着できたのですが、実は、連絡相手である肝心のガブリリュク牧師については、彼の身の安全のため、名前以外の情報（例えば住所）は秘密であって、私たちにも知らされていませんでした。どうすれば彼のもとにたどり着けるのか分からず、とりあえず人が多い公共の場所に行ってみる以外にないだろうということで、私たちは一先ず空港に行きました。人混みでごった返す中、何となく最初に目に留まったタクシー運転手にガブリリュク師の名が書かれた切符を見せたところ、不思議なことに、彼こそがガブリリュク師の密かな家を知る人だったのです！　タクシーに乗って先導してくれる彼の後ろから、全知全能の主への畏敬《いけい》の念に打たれながら首都の道路を走った私たちは、こうした数多くの奇跡の連続によって、無事にガブリリュク夫妻との出会いを果たすことができました。車に満載してきた物品もちゃんと渡せて、その後十日間彼らの家でお世話になり、彼らはその乏しい食事を私たちと気前よく分け合ってくれたのでした。

学校での説教と一人の少女の信仰

当時のウクライナは扉を開いて間もないところで、物心両面で大きな欠乏の中にあり、私たちの心は「一刻も早くイエス様を紹介しなければ」と強く燃えていました。ガブリリュク家から近い市街地に大きな学校の建物があるのが初日に見えていたので、私は大胆にも翌日その門を叩きに行き「生徒たちに話をさせてもらえませんか」と頼んだのですが、「それはできません」との応答でした。しかしなおも食い下がり「私は神から直接にいただいた特別の伝言を預かっているのです」と主張すると、校長のところに案内され、そこで改めて同じお願いをしたところ、なんと直ちに全校の授業が中断され、二十分後には、講堂に集められた八百人の生徒と全教員の前で話す機会を与えられたのでした。私は学校で習った程度の簡単な標準ドイツ語で、それをウクライナ語に通訳してもらいながら、福音をシンプルに語りました。つまり、万物の創造者である神が現実に存在しておられ、人間を愛してくださっていて、御子イエス様を通して人間を救い、その日常生活を変えてやりたいと願っておられると伝えたのです。また共産主義が高言している「神は存在しない」という嘘（何十年もの間、彼らはその「信仰」の中に閉じ込められてきたのです）をはっきり指摘しました。話し終わって、「神様を心にお迎えし、御救いを頂戴したい人はいますか」と尋ねると全員が手を挙げたので、私は通訳者に向き直って言いました。

「この人たちは理解しませんでした。もう一度、最初から説明し直します」

私は、この決断が**自分のすべての罪を真剣に悔い改め、本当に生き方が変わるような行為であると**彼らがよくよく理解しているか確かめたかったのですが、やり直しの招きにおいても全員が手を挙げました。

「あなたたちは分かっていないと思います」

と私は聴衆に向かって主張しました。

「外国からのゲストだからお愛想で挙手するのは止めてください。イエス様に委ねて、いついつまでも一緒に歩むことを受け入れる人だけが手を挙げてください」

三度挙げられた手の林を前にして、ついに私もこれらの若きウクライナ人が福音を受け取る準備ができていることを認め、祈りを導きました。主はこの日、何百人の生徒と多数の教師をお救いになったのです。

集会が終わると、ずっと冷ややかな様子で見ていた校長が「校長室に来てほしい」と言い出したため、副校長や通訳者たちと共について行きました。校長室に入るなりドアに鍵をかけた彼女に私は正直「どういうつもりだろう。警察を呼ぶのだろうか」と思ったのですが、なんとデスクの向こうに着席するなり彼女は泣き崩れたのです。

「幼い頃から、神は人間が発明したものだと聞かされてきました。今日、神は本当に存在しておられるということが私にも分かりました。人生でずっと神を無視して生きてきた私のような者でも神は受け入れてくださるでしょうか、それほどの愛なのですか、どう思われますか」

「もちろんです！」

と私は答え、その場でもう一度福音を語り、彼女は主を人生にお迎えする祈りをすることができました。

それから、彼女と別れて学校の建物を出た途端、私の名を道端で大声で呼ぶ少女に出会いました。「トラクセル先生！　トラクセル先生！　私の母が、十二年前から全身麻痺で寝たきりなんです。先生は、神様は現代にも癒しをなさると言われましたね。うちへ来ていただきたいんです」。私の内側で聖霊様が確認を与えてくださいましたので*、「家に帰って、すべての友だちを集めなさい。イエス様があなたたち、あなたとあなたの全家族のところに来られますから」と答えました。

*奇跡を起こす「信仰」は人間の勝手な「思い込み」とは異なる、ということが本書全体にわたって繰り返し語られている。勝手な思い込みは重大な結果を招くこともあるため、一つひとつの事例や説明を熟読されたい。

三十分後にその娘から聞いていた住所を訪れたところ、彼らの家はソヴィエト時代の例のブロックハウス的な集合住宅でしたが玄関ホールはすでに人で一杯で、訪問先の階まで階段もすべて一杯になっているのが手摺りから見えていました。そうです、なんと彼女は三十分で地域の住人をすべて集めたのです。私は人込みを擦り抜けて進み、病気の母親のベッドまで速やかに通してもらいました。一家の父親はずっと以前に家族を残して出て行ってしまったとのことでした。全員の耳に届くよう、できる限りの大声で福音を語ったところ、ほぼ全員がイエス様を受け入れました。次に私は、イエス様が似たようなシチュエーションで仰った御言葉（マタ九・六）を自分の言葉にして言いました。「婦人よ、あなたの罪が赦されたことが分かるために、今、主イエスの御名によって起き上がり、歩きなさい！」すると次の瞬間、十二年間寝たきりだったその女性が立ち上がったのです！　一瞬の静寂の後、建物全体で人々の喜びが爆発しました。人々は何が何でも私に触ってもらおう、手を置いてもらおうと押し寄せて来たのでした。

旅行の結末

この印象的な出来事に続く日々も、私たちは内なる炎に励まされていろいろな町へ出かけ、拡声器を積んだ車で細い路地裏まで隈なく巡ってイエス様のことを知らせました。第二次世界大戦中に旧ソ連全土で二番目に大きいユダヤ人コミュニティーの大量虐殺が行われたベルディチェフの町に行った時、すぐに何人かの人が近づいて来たので彼らのために祈ると、主の力が現れて癒しの奇跡が起こりました。彼らがすべての仲間に知らせに行ったために私たちは間もなく群衆に取り囲まれることになったのですが、その群衆は私のそれまでの人生では接触のなかった集団で、この時私は生まれて初めて奇形や変形関節の人々、巨頭症の子どもたちに出会ったのでした。当時の私の信仰は彼らが癒されるほどのものではありませんでしたが、苦しんでいるこの人々に対する神の愛が〈同情〉*となって自分の中に入って来るのを感じました。そしてキーウの学校での説教と同じように、このベルディチェフの町でも何百人もの人が福音に応答したのでした。

*通常考えられる「思いやり」を超えて、相手の痛みが自分自身の痛みであるかのように、内臓が痛むほどの感覚を聖霊によって起こされるもの。〈憐れみ〉（ヘブライ語「ラハミーム」）とも呼ばれる。大

きな神癒を行う者に不可欠の賜物であり、苦しむ人間に対する神の強い感情の一部を受け取っているものと著者は理解している。また長期間これを担うと心身の健康を損なうことがある、という。より詳しくは第五章の説明を参照。

さて私たちの車ですが、滞在中のある晩のこと、ガブリリュク夫妻が知らせに来てくれました。「たいへんだ、君たちの車が盗まれている」。「その車は神様の持ち物で、神様の御用に役立つことにしか使ってはいけないのに、泥棒が取っていくなんて」と頭にきた私は「駄目だ、出て行ったら殺される！」という忠告も無視し、妻と一緒に短く祈ってから出て行ったのですが、葉っぱみたいに震えているくせに同時に尋常ではないアドレナリンが出て、車を囲む三、四人と対決する瞬間の私の信仰は揺るがないものでした。「これは主の車なのだから」と、無言ながら決然とした態度でドアを開けて乗り込み、暴漢を残して発車することができたのです。その時は別の場所に駐車してから歩いて宿に戻ったのですが、滞在期間が終わろうとした時、その車を予定通りガブリリュク師に譲ろうとした私に聖霊様は違う指示をされました。彼に車を譲ることが私たちの旅行のそもそもの目的だったはずなのですが、なぜか「キーを渡す相手は彼ではなく彼の助手である」という明確な印象が私の内に与えられたのです。その助手は共産主義の実験を行ったジンバブエの出身で、今は旧ソ連のウクライナに民間航空機エンジニアになるための勉強をしに来ている人でした。「あのアフリカ人にキーを渡しなさい」と主は囁かれ、数秒の押し問答の末、その命令は明確であって聖霊様からのものであると了解し彼に車をプレゼントすることになったのですが、なんと彼ヘンリー・マダヴァはこの贈り物に励まされてすぐに自分で宣教活動を始め、二か月後にはヴィクトリー・チャーチという自分の教会を創立したのです。今は七千名が集う素晴らしい教会になっています。

さて、車のない私たちはモスクワへ行き飛行機で帰国したのですが、モスクワでは数々のトラブルに見舞われました。ホテルの前で銃撃されたり、誘拐目的の男たちが部屋にやって来たり、またジョジアーヌは食中毒にかかり、その後長年肝臓に問題を抱えることになったのです。しかし、そんな中で主は私たちを守ってくださっていました*。また、この新婚旅行のせいで私たちの結婚生活は、心には宣教の炎が燃えていても経済的には寒々しいスタートとなったのも事実です。しかし同時に、私が目に見えない一つの「限界」を突破し「奇跡が伝道活動のデフォルトになった」のは、この東ヨーロッパへの新婚旅行によってであったことが今振り返ると分かります。確かにそれ以前から真剣に主にお仕えし、名誉も、身の安全すらも委ねてきましたし、地元のあちこちで人々を訪問し、機会があればいつでも福音を語り、神癒の経験も何度もあったのですが、伝道の働きの中に奇跡が真に「定着」したのは、このウクライナ旅行の時でした。理論として知っていたマルコ一六・二〇が、恒常的な現実になったのです。

＊「神の御心を行っているなら、トラブルは起こらず万事スムーズに進むはずだ」というのが（宣教活動に関しては特に）非聖書的な期待であることは使徒の活動記録などからも明らかである。著者も生涯にわたって、伝道旅行に伴うあらゆる困難と生命の危機を経験し続けてきた。別の機会には「困難の中でこそ、神が祝福した者は呪われることができない（民二二～二四章）という信仰に立ち続けることが重要である」とも語っている（https://fr.jeanluctrachsel.org/personne-ne-peut-te-maudire-si-tu-es-beni-de-dieu/）。なお、神による真の保護とは「苦難がないこと」ではなく「苦難の只中で」経験されるものであることは聖書の主要な教えの一つであり、創世記のヨセフ物語など、多くの箇所に記されている。

十六歳のあの日から、私の内に燃え続ける炎があります。年を重ね、団体や職場や家庭で責任が重くなっていくにつれてその炎はだんだんと弱まっていくだろうと、何度も人々から予告されました。なぜなら、そういうことがエネルギーを喰うからです。若気に逸る私を心配してくれていたのだと思いますが、実際には、年を重ねるにつれて炎は強まる一方だったのです。結婚によって炎がいっそう強くなったことは今書いた通りですが、一九九四年、オーラル・ロバーツ大学留学中に最初の娘が生まれた時も炎が強まり、その後で生まれた三人の時もますます強くなっていき、この本を書いている今の年齢になって、今までで一番強く燃え続けています。

第三章　恐れとの戦い

聞いて従う信仰（十六歳）

ここまで読まれた方の中には私のことを、本当はそれほど心配性でも内気でもなかったのだろうと判断された方もおられるかもしれません。しかし、実際のところ私は生まれつき異常に恐怖心の強い子どもで、物質的・情緒的に安定した家庭で育ったにもかかわらず、いわれのない恐怖心が心から離れず、親にちょっとした物を取りに地下室に行かされたり、祖父母の家で戸外の薪《まき》置き場に薪を取りに行かされるだけで「強盗が出ないかな、キツネが出ないかな」と震え、夜の夢ではしょっちゅうライオンに貪り食われる悪夢を見るような子どもでした。恐怖心と言えば、人前で喋るのも恐怖で、クラスの注目を浴びたりすると文字通り内臓が押し潰されるような痛みを感じましたし、テストを受ける時や、テストが返される時も緊張してお腹が痛みました。人間にはそれぞれタイプがあると思いますが、極端な怖がりと引っ込み思案は私の持って生まれた気質で、いわば生来の弱点です。弱点は誰にでもありますからそれ自体は別に問題ないと思いますが、そのせいで「リスクを取るとか、チャレンジするなんてとんでもないことだ。自分のテリトリーで、暖炉の前に座って読書でもしていたい」という考えになりやすく、しかも銀行（しかもスイス）に勤めたものですから、ますます「計画・リスク管理・安全第一」の銀行員的発想になっていくことが大きな問題でした。そのままの自分では人生の使命を果たせないので、若き日の私はどうしてもこの強い恐怖心と戦わなければなりませんでしたし、ある意味では、今でも戦い続けています。

例えば、十六歳の頃にはこんな戦いがありました。隣州で開かれたクリスチャンの若者集会に何人かの友だちと参加した時のことですが、輪になって座っている二十人ほどの参加者の中の一人が背中に深刻な問題を抱えていることを聖霊様から示されたのです。主と真剣に契約を結び教会のスタッフとして奉仕し始めたばかりの頃で、まだファイヤー・カンファレンスより前の時期でしたから、人前で発言するのは恥ずかしくてたまりませんでしたが、「主から委ねられた内容は伝えなければならない」と思った私は、死んだつもりで発言の許可を求め、震えて真っ赤になりながら言いました。「神様はこの中の一人を癒やしたいと思っておられると感じます」。生まれて初めて公衆の面前で語った〈知識の言葉〉でしたが、人々はポカンとするばかりで誰も答えてくれません。途方に暮れながらも辛抱強く同じことを繰り返すと、ようやく「それは私です。私は病気です」と誰かが言ったので、その場で癒しのために祈ることができ、その人は癒されました。

この経験を通して私が学んだのは「自分を通して神が働かれるために必要なのは、何かの能力ではなく神への従順だ」ということ、「主が何かを語られるとすれば、それは私が主に信頼して行動することを期待しておられるからだ」ということでした。この経験がきっかけで私は少しずつ自分の恐怖心を克服し、個人的な人間関係の中でイエス様を証《あかし》することができるようになっていきました。もちろん相手に敬意を払い、配慮し、またいわゆる「宗教勧誘」にならないよう注意しながらです。この点には注意が必要で、「信仰に立って大胆に行動すること」と「己の人間的な（しばしば思い上がった）思い付きや勝手な願望に基づいて行動すること」を混同している人が時々いますが、両者は別物です。人間の思いに基づく「信仰」は本当の信仰ではなく、ただの思い込みであって、泳げないのにプールに飛び込むのに似ています。「自分を過大に評価してはなりません。むしろ、神が各自に分け与えてくださった信仰の度合いに応じて慎み深く評価すべきです」（ロマ一二・三）と使徒パウロが書いているように、信仰の「度合い」つまり「どの程度の事柄までなら信じられるか」には個人差もありますし、各自、成長の余地が常にあります。なぜなら、他人と比べれば大きな信仰の持ち主であっても人間の信仰は有限であり、「これ以上のことは信じられない」という限界（ヨハ一一・一～四四）が必ずあるからです（自分の信仰を鍛えることについては八章で再び取り上げたいと思います）。また「信仰は聞くことにより、しかも、キリストの言葉を聞くことによって始まるのです」（ロマ一〇・一七）とあるように、信仰は自分勝手な思い付きによってではなく、神からの語りかけをしっかりと受け取ることによって生まれます。例えば〈知識の言葉〉（すなわち聖霊様によって啓示される「キリストの言葉」）を受け取ったならば、健全な精神で、謙遜に信じ、勇気をもって行動することが大切です*。

*〈知識の言葉〉や預言は絶対的基準である聖書の原則に常に一致していなければならないが、一致しているかどうか解釈判断するのは各個人である。従って、語る側にも聞く側にも責任が伴う。

恐れを乗り越えて従う（十六～二十四歳）

「聖霊様が何か語られたらそれに従う」というのは当然で、簡単なことのように思うかもしれませんが、そんなことはありません。今でも私は〈知識の言葉〉を与えられる時、たとえそれが特別に精度の高い内容であったとしても、しばしば躊躇《ためら》いと葛藤を感じてしまいます。頭の中で恐怖心が立派な理屈をこねてくるからです。例えば「今はタイミングが悪い」「相手が気を悪くしたらいけない」「この人はもう十分苦しんでいるのだから、これ以上打ちのめしてはいけない」「友だちを失くすのではないか、お客さんを失くすのではないか、それどころか仕事を失くすのではないか」といった調子です。例えば、まだ十代で銀行勤務の傍《かたわ》ら週に一～二日は職業訓練校に行っていた頃こんなことがありました。いつものように級友や先生のために祈っていると、ある一人の級友について、主が彼と彼の家族全体に触れ、天の御父としての愛を明らかにしたいと願っておられることを特にはっきりと示されたのです。しかしそのためには当然、学校で自分の信仰について語るという選択をしなければなりません。「他人がどう言うだろう」という恐れや、嘲《あざけ》りと批判への恐れを感じましたし、その人にいきなり信仰の話をするのはたいへんなことのように思えました。それでも恐る恐る彼に話しかけてみたところ、なんと彼は福音を聞くのを待ち望んでいる状態にあり、すぐに主のもとに来たのでした！

もっとたいへんだったのは、結婚後に経験した出来事です。私がクリスチャンであることや、長期休暇になるとリゾート地ではなく貧しい国に出かけては伝道活動に携《たずさ》わっていることは職場で有名でしたが、炎を心に持っているからといって私は誰彼かまわず伝道や勧誘をすることはなく、ただ同僚らのために日々祈っていました。そんなある日自分の持ち場で仕事をしていると、自分からは見えないところにいる一人の上司について「膝の血液循環に大きな問題を抱えている」という〈知識の言葉〉を明確に受け取り、それどころか彼の人生の映像が白昼夢のように私の前で繰り広げられ、彼が多くの心配事で毒され苦しんでいることが数秒の間に主から示されたのです。またもや私は「主が彼の人生に入り、苦しみから救ってくださるのを見る」という喜ばしい展望と「上司を怒らせて処分を受ける」という可能性の間で自分の思いが乱れるのを感じました。心の中で展開する吉と凶の戦いというか光と闇の戦いというか、その戦いの源泉は間違いなく恐怖心だと分かっていたので、葛藤はありましたが結局は「主が自分と共におられることを信じよう」と決めました。「何も恐れることはない。仕事を失くしたって、主が今まで守ってきてくださったように、今後もちゃんと備えてくださる。家族の生活も将来も、銀行によって保証されているんじゃない。良き父親である神様によって保証されているんだ」。心が定まったので、二次は状況に合ったやり方で行動するための知恵を得られるようにと祈っていたところ、二日後その上司から呼ばれました。検討中の案件書類の分析と、プラスアルファの検討もできるよう準備して彼のオフィスに行ったのですが、私がオフィスに入るや否や彼は私の後ろでドアを閉めてこう言ったのです。

「トラクセル君。君を呼んだのは、どの案件のことでもない。仕事の話じゃないんだ。個人的な悩みについて話がしたくてね。私はいろいろ大きな問題があるんだが、君がクリスチャンだと聞いたので、もしかしたら助けてもらえないかと思ってね。問題というのは……」

「詳細は結構ですよ。一昨日にはもう神様はそれをすべて私にお示しになっていました。神様はあなたを愛してくださっています。解決を与えてくださいます。血流の問題で膝が酷い状態だと示されたのですが」

目を丸くして私を見た彼は、私を側に呼ぶと三つぞろいスーツのスラックスをそっとめくって見せました。本当に、片足がまるまる真っ青になっていました。それを見ながら、

「主がこのことを私に示されたということは、今日あなたに触れ、健康面だけではなく、人生と御家族に触れ、今の苦しみから解放したいと願っておられるということだと思います。もし良かったら、お祈りさせてください」

と言って彼のために祈ると、祈りと共に彼の膝を通り抜ける神の力を感じました。一瞬の内に膝は正常な肌色に戻り、この奇跡を経験して主の愛を受け取った彼は、涙で頬を濡

らしながら静かにこう言ったのです。「トラクセル君。君が従っている主に私も従いたい」。私は宗教勧誘をしたのではなく、絶望の中にある一人の男性に聖霊様が御手を差し伸べ、彼が自分で選んでその御手を取るのを、隣で見せていただいたのでした。彼は間もなく洗礼を受け、私は彼の家（奥さんは信仰者の家系だと分かりました）を何度も訪問して信仰生活のスタートを共に歩むことができたのですが、それまで子どもがなかった夫婦に間もなく一人目の赤ちゃんが与えられ、共に感動したことも良い思い出です。「あの時、もし恐怖心に屈服していたら、これらの恵みを何一つ見せていただくことはなかっただろう」と考えると、感慨深いものがあります。

恐怖心とは何か

恐怖心の強い子どもは、大人になって道理《どうり》が分かるようになれば恐怖心がなくなるのではありません。内容は空想的なものではなく、現実的な困難に関するもの（例えば危険・困窮・失敗・社会的に恥をかくことの恐れといったもの）に変わっていきますが、怖いのは同じです。ただ長年の間に私も気付いたのですが、ほとんどの恐れには合理的な根拠がありません。つまり「恐れる必要がないのに恐れている」場合が多いのです。ファイヤー・カンファレンス以来個人的に親しくなったボンケ師に「恐れにどう対処するか」について尋ねたことがありますが、彼の謙遜で率直な答えは強く印象に残るものでした。「恐れは私にもやって来るよ。だけど知っておかないといけないのは、それは自分の心か、それとも悪霊が作り出したお化けに過ぎないということだ。つまり、心配や脅威を感じるとしても、それは**現実には存在していない**ということだね」。確かにその通りで、過剰な恐怖心というのは、現実ではないことを不必要に恐れさせ、例えばエレベーターに乗るたびに「このエレベーターが落ちたらどうしよう」と考えずにはいられないといったことが起こるわけです。

単に怖いだけで済めばいいのですが、問題は、人間は心の中に「思う」ことによって実際にそれを「創り出す」能力を与えられた生き物だということです。まず、人が恐怖心を持つと実際にその場は抗いがたい「暗闇の空気」に支配され始めます。恐怖心から何事につけ新しいチャレンジを避けるようになり、やがて外に出て活動するのも億劫《おっくう》になり、家にこもってばかりいるようなことになると、あっという間に本来の能力を失って、身体的にも衰えていくでしょう。それだけではなく、恐れは「増殖」します。一つの恐れが別の新しい恐れを生み、ネズミ算式に増えて、終いには心の中が恐れでパンパンになってしまうのです。そのまま放っておくと、終いには現実に不運なこと、不幸なことが起こり始めます。聖書に「恐れていたことが起こった」「危惧していたことが襲いかかった」（ヨブ三・二五）という言葉がありますが、私は実際にそういう人々を見てきました。この「恐れに囚われ、恐れが恐れを生み、実《みの》りある活動から遠ざかり、ついには本当に不幸なことが起こる」という負のスパイラルに入り込むと、人間の精神は窒息し、人生の使命を果たすことができず、充実した生き方ができなくなってしまいます。この状態から脱出する方法はただ一つ、「この牢獄から解放してください」と神に叫ぶことです！

誤解しないでいただきたいのですが、健全な人間には健全な恐れがあります。そのおかげで慎重になり、用心し、うぬぼれや愚かな無鉄砲を避けられるわけです。しかし（ただの無鉄砲は論外として）神の御言葉に基づく聖書的信仰のあり方の中には、恐れを乗り越えてリスクを取るように私たちを導く側面があることは否定できません。聖書はそうしたストーリーに満ちています。新しい場所、そこに入って行けば身ぐるみ剥がされたような頼りない気持ちになる反面、良き牧者であるイエス様に従って進むなら必ず勝利が与えられるといった、スリルと平安が共存するような、そんな場所へと進んで行くストーリーで、無謀なのか信仰なのか、見た目で他人が判断することは難しい場合も多々あります。「イエス様に従っていくのは信仰の行動というよりも愛の行動だろう」と思われるかも知れませんが、まったくその通りで、実のところ、**恐怖心を克服するために必要なのは信仰ではありません**。**愛です**。信仰を生むのは神への愛なのです。「完全な愛は恐れを締め出します」（一ヨハ四・一八）と使徒ヨハネも書いている通りです。

今日までの人生の中で「怖くても、愛を込めて主に服従し、信頼する」という新しい生き方を目指すよう、何度も学ばされてきましたが、そうする時にはいつでも私の目の前に新しい道が開け、新しい可能性を開拓することができました。私の生来の能力や性格からは不可能であった、人前で説教し、病人のために祈り、伝道旅行に出かけるといったこともそうですし、次にお話しするような、職業上の新しい決断の場合も同じでした。

職業上の新しい展開（二十四歳）

一九九五年の幕開けと共に、銀行は変化の大波に呑まれ始め、優秀なバンカーであるためには、融資仲介や資産運用管理その他の信用供与だけでなく、金融商品の販売者としても活動しなければならなくなってきました。そのため私は積極的に「営業の勉強」をしようと思ったのですが、銀行の上層部は及び腰で、そこへたまたま同じタイミングで、ある会社で営業部長をしていた親友から、彼の会社の営業職として誘われたのです。私は「キャリアの幅も広がるし、興味のある分野で勉強させてもらえる。その後バージョンアップして元の職種に復帰したら良いのではないか」と考えました。それと、実は他にも以前から気になっていたことが二つあって、それは年収とスケジュール管理の問題でしたが、まず我が家の予算は長女のエルシーを入れた三人家族にしては慎ましいものだった上、私たちはさらに子どもが欲しいと思っていました。スケジュールに関しては、銀行勤めでは夜と週末しか伝道活動の時間がなく、その限られた中で、「出て行って」「宣べ伝える」ことに加えて自分の準備や事務管理の雑務もしなければならない状態でした。このように、ちょうど金銭的にも時間的にも難しさを感じていたところだったので、完全歩合給の広告コンサルタント職というのは、もし成功すれば経済に余裕ができるしスケジュールに柔軟性が出てくるわけで、福音宣教のために働きやすくなる理想的な働き方だと思われました。

このアイデアについて妻と一緒に祈っていき、最終的にこれが神の御心に沿ったものだという平安を得たため、銀行の仕事（特に資産運用管理）がとても好きだった私ですが、銀行を退職しました。典型的にスイス的なそれまでのキャリア形成のすべてに背を向けて未知なるものに向かってダイブし、完全なるリスクコントロールから突然ゼロ保証へと移行した私が心中どれほどの困難を覚えたことか、言葉では表現できないほどです。転職して一年間は、貧困と失敗への恐れが毎日私に付きまとっていました。毎月、毎日、ゼロからのスタートで、お客さんの会社や店舗を飛び込み訪問して開拓調査をするのが当時のやり方でしたが、私は不安症状があまりにも強くて普通の食事ができず、毎日お粥《かゆ》を作ってもらい、それでも毎日嘔吐《おうと》していたほどです。そんな状態の中でも、主の保護があって営業成績自体は数カ月でその分野の全国トップクラスに入り、家計も銀行時代よりはるかに良くなっただけではなく、私は自分が「実は営業に向いており、営業に情熱を感じる」ことに気付きました。改革改善案を出したり営業チームを育てたりするのも充実感がありましたし、嘔吐のほうも何とか収まってきて、新しいキャリアは安定し、それからほどなく私は営業の現場責任者になって研修を受け、そこで手に入れた資料や他の専門分野のマニュアルを使って「販売の極意」なるコースまで創設するほど営業にのめり込んでいったのでした。結果として、変化への恐れを乗り越えリスクを取っただけのことはあったわけです！

恐れるな！

突然ですが、私が洗礼を受けたのは実は十八歳の時で、すでに伝道者としての働きを開始した後のことでした。ブレザレンでは洗礼に際し、生涯のガイドラインとなる〈洗礼記念聖句〉を賜る習慣があります。すでに伝道者であった私は、何かしら「重々しい」「長めの」聖句が与えられるだろうと期待していたのですが、母方の祖父が選んでくれたのは、聖職者ではなくイスラエル国民全体に対して語られた、イザヤ書四三・一～三の短い御言葉だけでした。

恐れるな、わたしはあなたを贖う。
あなたはわたしのもの。
わたしはあなたの名を呼ぶ。
水の中を通るときも、わたしはあなたと共にいる。
大河の中を通っても、あなたは押し流されない。
火の中を歩いても、焼かれず

炎はあなたに燃えつかない。
わたしは主、あなたの神
イスラエルの聖なる神、あなたの救い主。

結果として、この聖句は今日まで私の人生の土台となり、行動の指針を決めるための基準、あるいは恐れに直面した時の守りとなってきました。今振り返ると、私は自分の人生の中で本当に多くの困難や反対を乗り越えてきましたが、その中のどれよりも強くしつこかったのが結局は自分自身の恐怖心だったと思わされます。伝道活動や仕事において次々とリスクを取ってきた割に、私は今でもこの弱点を意識させられることが多く、神の御言葉を信じたい気持ちと恐れの間で揺れ、そのたびに聖書を思い起こさなければならないほどです。聖書には「恐れるな！」という御言葉が一年の日数と同じだけある*と言われており、毎日いろいろな形で三百六十五日「恐れるな！」と繰り返してくれます。また、「恐れるな！」という呼びかけは一九七八年に教皇就任したヨハネ・パウロ二世の最初の教皇ミサ説教でもあり、その呼びかけは今も私たちの世代全体に対する預言の言葉として鳴り響いていると思います。「恐れるな！　恐れるな！　門を大きく開けよ、開けよ、キリストに、救いたもうその御力に」（詩二四・七。「キリスト」には「王」という意味がある）。

＊「恐れるな」という語句そのものが聖書中に三百六十五回記録されているという意味ではなく、その類のメッセージが聖書中に三百六十五箇所見出されるという意味。数え方によって数が変わってくることは言うまでもないが、「恐れるな」が聖書の主要なメッセージの一つであること自体は確かである。

実際のところ、長年伝道者として働き何度も大きな戦いを乗り越えてきた私ですが、生来の恐怖心を完全に克服したわけではなく、つい先日もグルノーブルの集会で連日奇跡を行ったかと思えば、二日後には完全に別人のように大きな経済問題に打ちのめされたところです。それがありのままの私の現実です。私は自分の人間としての「弱さ、危うさ」を自覚し、人々に勧めている治療法つまり信仰を自分自身にも当てはめなければならないことを学んできました。おかしな話ですが、先ほどお話しした信仰の「度合い」にも分野というものがあって、私はいつも、自分の得意分野である霊や神癒の世界ではコップに水が半分「も」入っているのを見ていて肯定的なのですが、日常生活ではコップに水が半分「しか」入っていないのを見る傾向があって否定的なタイプなのです。かといって、病人のために祈る場合も「まったく恐れを感じない」というわけではなく、心配し躊躇《ちゅうちょ》してしまうことも多いのが現実です。「傷付けたくない」というのが大きな理由です。病気にかかった人はすでに心が弱り、疑い深くなっていたり絶望の状態にすらあるかもしれません。まかり間違っても、失望させたり、偽りの約束をしたり、出口のない迷路に追い込むようなことはしたくないのです*。そこで小さな声が囁きます。「ジョン＝リュック、止めとけよ、もっと自分で責任持てるようなことに集中する方がいいんじゃないか」。なるほど論理的ですが、しかしこの声に耳を傾けるなら、私は神から与えられた自分の召命に背を向けていくことになるでしょう。ですから私は**主にすがり、記念聖句を思い起こし、己の務めを果たし、謙遜に、素朴に、知恵をもって病人のために祈るよう努め、自信過剰な演説はせず、神が働かれるという信仰をもって前進**します。それは毎日の「信仰の戦い」（一テモ六・一二）なのです。

＊クリスチャンの病人はその場ですぐに癒されなかった場合や、外見から直ちに結果を確認できない種類の病気の場合、「自分の信仰の薄さ」に自己嫌悪を感じることがあり、実際、聖書にも「癒しを受ける側の信仰」に言及した箇所が少なからずある（マタ九・二二、マコ六・五、使一四・九など）。もっとも、使五・一五～一六、使一九・一二などでは各自の信仰事情など問題にならない爆発的な神癒の波が襲っている。なお著者自身は、神癒を行う働き人の心構えとして「受ける側の信仰に期待してはならない。相手

の分までこちらが信じなさい」と教えている。
https://www.youtube.com/watch?v=2wr598QCOqo

この戦いを雄々しく戦われることを、すべての方にお勧めしたいと思います。たまたま私にとっては度を越した恐怖心がしつこい敵、聖書のヨシュア記になぞらえて言えば「巨人」のような存在でしたが、そこは人それぞれで、別の人にとっては恥をかくこと、拒絶されること、反抗的な自分の性質、経済問題、能力の不足、家系や出身民族が打ち勝ちがたい巨人なのかもしれません。ただ一つ確実に言えるのは、もし私が一つ一つの恐れを克服していなければ、会社や超教派団体を作ることも、説教のために世界中を旅行し最貧の危険な地域に行くことも、何十万の人々に福音を語り神癒を行うことも決してなかったように、自分の巨人を倒すことなしに「約束の地」を得る人は誰もいないということです。各人にとってその内容は異なるでしょう。社会問題に取り組むとか、医療の分野、芸術、ビジネスの分野など、いろいろな分野があると思います。いずれの場合も、それぞれ自分にとっての「約束の地」に、勝ち取るべき町があり、打ち勝つべき巨人がいるということです。**他人の真似をするのではなく、また自分勝手な思い込みによる無謀な綱渡りをするのでもなく、主が自分の内に、そして自分を通して、働かれるようにしていくなら、つま**

りその時々の主の御指示に誠実に従っていくなら、ますます深く約束の地へと入っていくことができるでしょう。主は私たちを通してこの世界のために新しいこと、良きことをしてくださり、私たちは弱い者であっても、「信じる者には何でもできる」（マコ九・二三）という聖書の約束を自分の現実として体験し、勝利者となることができるのです。

第四章　困難の中で前進する

アルバニア（二十四歳）

この章では、宣教活動や会社経営あるいはもっと一般的に人生の中で何か物事を進めていこうとする時、必ず起こってくる「困難」や「試練」というものについて、私自身の経験を例として考察してみたいと思います。

新婚旅行から二年数カ月経った一九九五年の二月、宣教団体ユース・ウィズ・ア・ミッションから派遣され東側諸国のブレザレンで奉仕していたフランソワ・メネトレー宣教師から「アルバニアに手伝いに来てほしい」という招きがあり、再び旧共産圏を訪れる機会が巡ってきました（当時私は休暇のすべてを宣教活動に使っていました）。彼のチームは資金を募り、何トンにも及ぶジャガイモの苗を満載したトラックを連ねてバルカン半島へと出発、私たちのほうは現地で彼と合流して手伝いました。苗を配り、病院や学校の窓が壊れていれば修理もしましたが、これは、アルバニアが一時期他の共産主義諸国からも敬遠されるほど宗教弾圧が強かった名残で未だ自由な宣教が困難であったことから、慈善活動を通して福音を伝えることを目的とした滞在でした（宗教解禁後の主要宗教はイスラム教で、貧しい村々の子どもたちもサウジアラビアから与えられた豪華なコーランを持っているのですが、冬の寒さの中、着る服がないために裸で暮らしていました）。

ブレルという、政治犯の拷問で知られたブレル刑務所のある町にも小さなバスで行って苗を届けたり、病院を訪問して患者のために祈ったりしたのですが、その活動中に、町の広場で警察に（監視を兼ねて）警護されながら福音を語るという機会がありました。そのひと時はブレル市長やマト県教育長や他にも大勢の人が回心の招きに応答し、多くの神癒が起こる素晴らしい夜になりましたが、福音はその集会の場だけに留まるものではなく、翌々日その市長にばったり出会って「あなたの心は如何ですか、お元気ですか？」と聞くと「私は救われました。こんなに良い気分だったことはありません。うちにいらして家族に会っていただきたい」との返事で、結局その日彼の家族全員が主に立ち返ったなど、宣教の実りはさらに広がっていったのでした。

しかし活動のすべてがスムーズだったわけではもちろんありません。集会と、市長に再会した日の間の日は、暴力的なイスラム教扇動者の一味に追いかけられました。私たちはあまり注意を払っていなかったのですが、ちょうどラマダンというイスラム教の断食期間で、宗教的緊張が激化する時期だったようです。けれどもチーム全員走って逃げる中、ふと後ろを見ると過激派の一団だけではなく、神に飢え渇いた大勢の村人が追いかけて来るではありませんか。ひとまず私たちはどこかの建物に逃げ込みましたが、熱心な村人たちはいつまでも帰ろうとせず、少し落ち着いてから私たちは彼ら一人一人に手を置いて祈り始めました。人数が多かったことと、衛生状態が劣悪で気付けば彼らからもらったシラミで私たちの手が一杯になっていたことをよく覚えています。

この事件自体は結局、ブレル滞在最終日の素晴らしい出来事に繋がっていきました。その日、護衛を引き連れたこの町のイマム（イスラム教の指導者）に出くわしたのです。扇動者の集団に追いかけられた直後ですから、トップ・リーダーであるイマムと顔を合わせるのは望ましくないと思われましたが、彼が病気であるという〈知識の言葉〉を与えられた私は、いつものように聖霊様に従うことにしました。彼に話しかけた結果、彼のために祈り、護衛団のメンバーたちがイエス様を体験できるようにも祈ることができたのです。これは奇跡としか考えられない成り行きでした。実は、私が最初ブレルに到着した時、天が開けて、天使たちが歌うのが霊の目に見えるという出来事があったのですが、「あの天使たちは、意味もなく歌っていたわけではなかったのだな」と思いました。あの天使たちは、長い宗教弾圧の期間を経て新しく福音が語られ、奇跡を通してその確かさが証明され、ブレルが福音の光を見ようとしている、そのことを喜んで歌っていたのでしょう。

ウクライナ（二十四歳）

支援や伝道のためのこのような旅は、いつも実り多いものでしたが、同時にしばしば命の危険と隣り合わせでした。命の危険と言えば忘れられないのが、アルバニアに続いてイースターの時期に行った新婚旅行以来のウクライナです。その時は私の父も一緒に行ったのですが、なんと私はそこでマフィアにさらわれてしまいました！

現地パートナーが借りたヴィーンヌィツャ市の三千人以上入れるホールで、オーケストラと合唱団による賛美の時間から集会が始まった時、私はトイレが我慢できなくなりました。（建物内のトイレに横溢《おういつ》する悪臭とハエには耐えらなかったため）繁みを探して建物の外に出て行き、そこで用を足していたのですが、そこへ二人の男が飛びかかってきて私を捕まえたのです。現実のこととは思えませんでした。抵抗して滅茶苦茶に暴れたものの、彼らは屈強で、なすすべもなく会場から遠くへ引きずられていく中、私の頭を無数の考えが過《よぎ》りました。「何が起こってるんだ？　自分が何をしたというんだ？　こいつらは何がしたいんだ？　マフィアだろうか、それとも秘密警察？　どうやって逃げ出そうか？」考えている内にどこかの建物に着き、薄暗くじめじめした地下室に連れて行かれたのですが、私顔面の歪んだ、冷酷な目をしたこの二人の男は、鉄の棒をどこからか持ち出してきて、私に向かって代わる代わる喚《わめ》き始めたのです。何を言われているのか全然分からないまま「とにかくもう駄目だ、殺されるのだ」と思いましたが、しかし同時に、不思議なことですが、自分からは絶対に出てこないような深い平安が私の中にあり、「主はわたしの味方、わたしは誰を恐れよう。人間がわたしに何をなしえよう」（詩一一八・六）という御言葉が心の深いところに響いて「自分の命は神の内にある」と素直に思えてもいたのです。

このような究極の心理状態にあった時、途切れ途切れに、階段を歩く何人かの足音が聞こえてきました。それは誘拐犯の仲間ではなく、秘密警察のトップ、その部下たち、それに私の父も一緒で、私の姿を見つけた父は激怒のあまり母語のアレマン語で誘拐者たちに怒鳴り出したのですが、要するに何が起こったのかというと、私たち一行の移動にはすべて秘密警察の監視が付けられていたにもかかわらず、私の姿が急に市民ホールから消えたため、何も気付いていない父に質問しに来た秘密警察官がマフィアによる誘拐と判断し会場近くのアジトに私を回収するため現れたのでした。その間わずか三十分という早業で、無事解放された私は会場に戻ることができたのですが、誘拐されている間に集会のプログラムは進んでおり、ちょうど良くと言うべきか、説教の時間になっていました。一旦すべてを脇に置いて気持ちを切り替え、自分の使命に集中し聖霊様の導きに身を委ねてステージに出て行った私は、聴衆に向かって「実は私は先ほど誘拐されて、今戻って来たところです。この事件のせいでこの国を恨みそうなものですが、その逆で、私は〈同情〉で一杯になっており、皆さんに福音を知らせたい気持ちです」と語りかけて、説教を始めました。結局、自分の身に何が起こったのかについてきちんと客観的に考えられたのは後になってからですが、思えば本当に殺される寸前の危ないところで、一歩間違っていれば今私はこの世にいなかっただろうと思います。いつもこのような調子で、危険な目には多く会いましたが、どんな時も、主は変わらない誠実さで常に共におられ、保護し、救出し、今日まで導いてきてくださいました。

中央アフリカ共和国（二十六歳）～序盤「バオバブ宣教」～

さて、鉄のカーテンの向こうに隠れていた東ヨーロッパの国々が数十年にわたる無神論の抑圧から脱しつつある時期にそこを訪れた私たちは、哀愁を帯びたスラブ魂、東方教会の神秘性、天使かと思うほど純粋で美しい聖歌隊の表情や歌声、真っすぐに来世へと向けられた求道心といったものに惚《ほ》れ込み、その地域に行くのがいつも楽しみでしたが、打って変わって、二十六歳で初めてサハラ以南のアフリカという全然違う地域に行った時に学ばされたことも多くありました。私はこの地域や文化にまったく馴染みがなかったものの、一章に出てきたアルベール・ビュルカールとはフランスで一緒に伝道をしたこともありましたし、彼がフランスで育てた信徒の群れとも交わりがありました。そのパパ・ビュルカール（私たちは親しみを込めてそう呼んでいました）は、八十五歳という高齢で中央アフリカ共和国への伝道旅行に出かけるに当たり（八十八歳で天に帰った彼にとってそれは最後の伝道旅行となったのですが）、ジョジアーヌと私が小さなチームを連れて同行するよう呼んでくれたのです。ビュルカール師は数百の教会を生み出したアクション・アポストリク・アフリケーヌという団体の創設者でもあります。その本拠地に行けることに興奮を覚え、大きな期待をもって、私たちは長女を私の両親に預け、年末の祝祭シーズンに三週間の予定で中央アフリカ共和国に飛んだのでした。

現地では、当時まだ駆け出しの説教者だった私に多くの教会のリストをくださり「どこででも説教できますよ」と言っていただいたのですが、「そうじゃなくて、私は福音を一度も聞いたことがない人々のところに行って説教できたらと思うのですが」と言うと、「だったら河に沿って集落を訪問して説教するしかないよ。福音を聞いたことがない人たちは、隔絶されたところに住んでいるからね」ということになり、結局私たち八人（男六人、女二人）のチームはカヌーに乗ってウバンギ川（中央アフリカ共和国とコンゴ民主共和国の国境をなす大河）沿いに奥地の中の奥地、地球で最も貧しいいくつかの場所に挑みました。私たちが乗ったのはバオバブという軽く耐久性のない木をくり抜いて、騒音を立てる小さなエンジンを付けたカヌーで、時には櫓《ろ》を使って漕ぎましたが、重心が不安定なため、誰かが少しでも大きな身振りをすると船がひっくり返りそうなのと、ヘビが船に上がって来ようとするのを四六時中交代で見張っていなければならないのがたいへんでした。十日間、毎日違う村に上陸して福音を説教し、病人のために祈りました。どこの村でも首長が自宅を提供してくれたのですが、鶏が歩き回るそれらの掘っ立て小屋の中で、木の枝を編んだのが長年の間に虫の巣と化した寝具で寝るのは、慣れない者にはとても安眠できる環境ではありませんでしたし、夜の寒さ、悪臭、加えて霊的な圧迫もあって、なかなか眠れませんでした。というのは、これらの村々は先祖伝来の悪霊の支配が強く、それによる霊的な圧迫を感じたためです。ジンカという村に泊まった夜などは、多くの村人が「悪霊に苦しめられているか、ヤシ酒で酔っぱらっているか、または両者の混合か」という状態で、夜を切り裂く恐ろしい悲鳴をいくつも聞いたものです。それ以外にも、灯油ランプが引き寄せた蚊の集団、何日も食べられず空腹だったところへ配給を積んだぼろ船がやって来て、私たちも現地の人々と同じように大喜びで堤《つつみ》に殺到したこと、そこで手に入れた、干からびたパンと木の根を絞った汁で「聖餐式《せいさんしき》」（一コリ一一・二三〜二六）を行い、聖餐の杯にアリがうろちょろしていたことなどを鮮明に覚えています。細々と挙げて行けばキリがないほど不快さや困難があり、それが伝道者として本当に良い訓練になりました。

中央アフリカ共和国〜中盤「プテメレ島拉致事件」〜

拉致事件もありました。クリスマスの夜、コンゴとの国境にある小さな島プテメレで説教中に突然銃声が響き、残虐で知られるコンゴ軍が現れたのです！　私たちの持ち物や水を奪い、あっという間に去って行きました。親切な村人たちは「あの男たちは危険だから、盗られた物を取り返そうとして追いかけたりしないほうがいいですよ。二週間前にもフランス人旅行者が攫われる事件があったのですが、それっきりその人たちは行方《ゆくえ》知れずです」と注意してくれたのですが、こちらが追いかけなくても、二時間後に先ほどの兵士たちが再び戻ってきてしまい、今度は私たちのチーム全員が、背中に軽機関銃を突きつけられて、対岸、つまり第一次コンゴ戦争真っ最中のコンゴに連れて行かれたのでした。そこは密林の中でしたが、やがて彼らは立ち止まり、一緒に攫ってきたプテメレの牧師を叩き始めました。最初は素手で、それから鞭で、仲間内でげらげら笑いながらエスカレートしたあげく、終いには床に向けて、彼の足もと目がけて銃を発砲しては彼を躍らせ始めたのです。全員が酔っぱらっていましたが、中でも一番大きな声で笑っていたのがボスで、完全に支離滅裂な言動を繰り返しており、もはや西部劇の世界でした。

少しでも下手なことをすればたいへんなことになるのは分かっていましたし、恐怖で死にそうではあったのですが、酔っ払いどもが銃を使って牧師を躍らせている姿を見ていると義憤《ぎふん》で一杯になり、私は立ち上がってボスを怒鳴りつけました。「お前たちは、よくもこの人を辱《はずかし》めたものだ。彼は牧師だぞ！　全員、神の人なんだ。こんなことをしてはいけない！　止めろ！　我々を解放するんだ！」また、コンゴの独裁者で特に兵士らから崇められていたモブツ大統領の名前を出して「彼のスイスの別荘は我が家から数キロのところにあるんだぞ！」とも言いました。「それがどうした」と言われそうですが、何が功を奏したのか、なんとボスは大人しくなって言うことを聞いたのです。主が働かれたのだとしか思えませんが、彼は私たち全員を解放し、プテメレ島まで送って行ったのでした。

翌日、さらに驚くことが起こりました。私たちは集会をやり直すことにし、福音を聞くために人々が集まってくる中、なんと昨日の一団が列をなして近づいてくるではありませんか。昨日とは違い静粛《せいしゅく》で秩序立った様子で、さらに驚いたことに、彼らはこう言ったのです。「赦してください。昨日、私たちは悪いことをしました」。そして福音の説教を聞いたこの男たちはひざまずいてイエス様を信じ、聖霊に満たされたのでした。これが「プテメレ島拉致事件」の顛末です。

他にもいろいろなことがあった十日間の「バオババブ宣教」は、野生動物の脅威、人間からの脅威、そして悪霊からの脅威もあり、恐れが絶え間ない同伴者だったというのが正直なところですが、同時に私たちが主への信頼の内に留まっていたのも確かな事実でした。イエス様が「蛇やさそりを踏みつけ、敵のあらゆる力に打ち勝つ権威を、わたしはあなたがたに授けた。だから、あなたがたに害を加えるものは何一つない」（ルカ一〇・一九）と言われたように、「主への務めを果たしている自分たちを、主が守ってくださる」という不思議な確信と平安が、いつも私たちの内にありました。十日間の「大冒険」を通して、私は初めて本当の意味で「飾り気なしに、最高度の単純さで福音を生き、語る」ということを学んだような気がします。ちなみに、私の人生で初めて「生まれつきの盲人の目が開いた」という経験をしたのも、この「バオババブ宣教」の時でした。

中央アフリカ共和国〜終盤　死からよみがえった青年〜

河をたどって首都バンギに戻ると、また私は長い時間をパパ・ビュルカールの側で過ごし、賢者から学ぶ生徒のような気持ちで、宣教や教会について、また「信徒一人一人に寄り添い、各自の賜物と召命に沿って整え導くことを通して教会を形成すること」について彼が語るのを聞きました。その一方で、いつも福音を伝える機会を探していた私は「野外伝道をしましょう！」とアクション・アポストリク・アフリケーヌのスタッフを説得し、最後の最後に小さな場所を用意してもらいました。私はそこに立って福音のイロハ、つまり神は真の〈命〉であられるということ、「すべての命の源」であり、信じるすべての人に〈永遠の命〉を与えてくださる御方である（ヨハ三・一六）ということを伝えたのですが、これを「文字通り」に受け取った二人の若者がいました。説教が終わりかけになると彼らは急いで出て行き、なんと「隣家から一人の友だちの遺体を四人がかりで運んで戻って来た」のです！　気付けば、死んだ人体の前に立たされ途方に暮れている自分がいました。

「この人、死んでますよね？」

「はい！　死んでます！」

私は「自分の語った説教はそういう意味になるのだっただろうか？」などとごちゃごちゃ考えるのは止め、たった今自分が説教した内容を、彼らと同じように「文字通り単純に信じる」ことにしてイエス様に願いました。「復活された御方よ、この体にもう一度命を与えてください！」すると、本当にその若者は聖書に書かれているのと同じようによみがえったのです*。このケースでは、それは徐々に起こり、まず目が覚めて、座り、それから立ち上がって歩き始めるといったふうでしたが、見るからに本人自身が一番驚愕している様子でした。もちろん私にとっても生まれて初めて見た奇跡で、この驚くべき出来事の噂が瞬《またた》く間に広がったため、人込みは際限なくどんどん膨れ上がっていったのでした。

＊使九・四〇他、聖書中には死者のよみがえりが多く記録されている。それどころか、神が死者を自在によみがえらせることはそもそもキリスト教信仰の根幹にかかわる共通認識である。ヘブ一一・一九、マタ一〇・八、ヨハ一一・一一～一五なども参照。

この出来事から分かるように、神の御言葉へのごく単純な信仰は、もっとも信じられないような奇跡を起こすのに十分なのです。キーウでウクライナ人の少女が地区の全員を母親の枕元に集めたのも同様の単純な信仰からでした。つまり彼女はごく単純に、母親が不幸の床から起き上がることになると思っていた、そして主は私が**語った聖書の御言葉を確証することで、彼女の信仰に答えてくださった**ということです（マコ五・二八）。今回の死人のよみがえりにおいては友人たちの信仰が大きな役割を果たしていますし、私自身も単純に信じることを選びました。

このようにして中央アフリカで過ごした三週間には、いろいろな出来事、困難や危険を経験しましたが、だからこそ濃密な、私自身が幼子《おさなご》のような信仰のあり方（マタ一九・一四）を深く学ばされる期間となったように思います。

起業へ（三十歳）

何事も基礎が重要ですから、私自身についても、基礎である幼少時から二十代までの長い話になってしまいましたが、ここからは少し話を前に進めたいと思います。私は三十歳になる二〇〇〇年頃まで、銀行の仕事や、転職後は営業の仕事の傍らひねり出した自由時間をすべて福音宣教に充てていました。戸別訪問・街中での伝道・夜の伝道集会など、たいていはスイスですが、時にはフランスでも行いました。私たち夫婦の胸は世界に福音が広がるようにとの希望に膨らみ、ある国で宣教すれば農業センターを立ち上げたい、別の国では「家の教会」を始めたいと願ったものです。東ヨーロッパでの私たちの働きは奇跡が特徴でしたが、地元のスイスでも集会やイベントごとにいくつかの奇跡は起こっており、やがてその話を聞きたい、自分たちもそうなりたいという人々から招かれるようになったため、ジョジアーヌと上の二人の娘と四人でよくスイス内外を旅行しました。しかし、やがて子どもが増えてくると妻は家に留まって子どもたちの世話をしなければならないことが増え、私は一人で日帰りや泊りがけの宣教に出かけるようになりました。それは自分の使命でもあり、主が現してくださる御業に喜びもあった一方で、家を離れる不安や心の痛みも感じ、その上私は『雌鶏パパ』のテレビドラマのように非常に細かい心配性の父親でしたから、周囲もたいへんだったと思います。この頃からインターネット、次いでSNSが登場して、距離というものをほとんど解消してくれ、何キロ離れていようと容易にコミュニケーションを保てるようになったのは本当に感謝でしたが、それでもやはり、ビジネス面をもう一度整備して働き方の独立性と効率をさらに高め、家族との時間を作り、急速に増大していく予算にも対応するべき時期になってきていました（二〇〇〇年頃と言えば、ちょうど前年に三番目のケントが生まれた我が家の家計予算と、宣教活動のために必要な予算の両方が、急速に増大してきた時期です）。

私にとって家族は、何よりも大切なものです。四角四面で心配性の私が、笑うことや人生を軽やかに楽しむこと、美味しい夕食の後で家族と一緒に映画を見たりする喜びを知ったのは妻のおかげですし、宣教旅行などで私が経験する超常的な事柄に対して適度な距離感を作ってくれる彼女のセンスで、夫婦や家族の生活がバランスを保っているという面もあります。さもないと私は日常に戻れなくなってしまうでしょう。また、予算の面も疎《おろそ》かにできません。フルタイムで教会のために働く人たちが我が子の信仰不熱心に直面するのをさんざん見てきた私は、我が家が「伝道者家庭だから貧乏」というケースになるのは何としてでも避けねばならないと考えていました（子どもたちは、親の伝道活動が経済面で上手くいっていないのを見ると、嫌気がさしてしまいます。中には信仰を失った子もいて、それどころか親本人が信仰から離れてしまう場合すらあります）。

私たち夫婦は、諸教会からの支援や人々からのお礼で生計を立てることを望まず、できる限り「兼業伝道者」であり続けたい＊（ちなみに、ビジネスと宣教活動を明確に区別することも私たちの信仰上の〈確信〉で、今も会社では、自分の信仰は明らかにしていますが、上司だからといって大っぴらに伝道するようなことはせず、どんな形の宗教勧誘も絶対にしないようにしています）と思っていましたが、宣教活動の働きが祝福され規模が大きくなってくると、会社勤めとの両立は困難ですから、結局、選択肢としては「起業」の道を取ることになりました。会社勤めよりも自分でビジネスをする方が、生活費を稼ぐだけでなく雇用を創出して地元経済に貢献できますし、クリスチャンの生き方として良い証になるでしょう。ちょうど、私たち夫婦はイエス様がその働きを始められたのと同じ三十歳という成熟した働き盛りの年齢になり、貯金のほうも銀行の友人たちを煩わせずに最初の事業を手掛けられそうな額に達したところでしたし、いろいろな意味で「今だ」という感じになったのです。

＊聖職者が専業であるべきか兼業であるべきかについては、「神の働きを行う者はその働きから生活の糧を得る権利がある」というのが聖書の原則である（マタ一〇・一〇、ガラ六・六など）。ただし、例えばパウロはその権利を行使しない場合もあった（一コリ九・六〜一五）。著者が兼業を尊ぶのはブレザレンの伝統に則っているのであって、他の専業聖職者を批判しているわけではない。なお、各自の信仰上の確信ということについてはロマ一四・五、二二〜二三を参照。

どんな分野で起業するか、金融と営業分野での私の経験と元救急病棟看護師としての妻の経験を持ち寄って何かしたいとは思っていましたが、最初は手探りで、食品ブランドを立ち上げたり、販売のセミナーとコンサルティングのサービスを提供したりと試行錯誤の後に、結局は当時黎明《れいめい》期にあったネイル業界に乗り出し、ネイルケアの会社＊を立ち上げて今日に至っています（実は私自身、男ですが妻よりも化粧品に興味があり、ユーザーでもあったという裏話もあります）。新しいものを造りたい、革新的でありたいと願う私たちに、信仰の友でもあるサラ・レマン・ジェルベールがネイル・ビジネスのノウハウを伝授し、この競争の激しい市場《しじょう》で成功できるよう上手く軌道に乗せてくれたのです。最初に結んだ契約は小さなものばかりでしたが、契約を取れたこと自体が励みになり、自信に繋がりましたし、小さな契約を大切にすることでやがて大きな契約へと繋がっていき、会社が安定して家族の暮らしも成り立ち、種々の支払いも滞《とどこお》ることはなかったので、私たちはほっとしたのでした。後には多くの起業家がこの分野に参入し、市場は今日のように成長していきました。

*会社ホームページ　https：//www.akyado.com/

会社といっても、自宅の地下室が工場、洗濯室が商品開発のラボ兼原材料と完成品の在庫を保管する倉庫、ガレージが事務所兼レッスン会場という感じで、あまりにも手狭になって本格的な店舗を構えるまで、そういう状態が続きました。ジョジアーヌは基本的に技術部門、つまり製造・人事・ブランド開発に携わり、私は広報・仕入・販売・渉外の責任を持ちました。こうして見ると、私たちは互いの不足をちょうど上手く補える組み合わせでした。

このように比較的順調に滑り出したものの、会社を起こし運営することに大きな責任とプレッシャーが伴うのは当然のことで、そのため妻も私も、この未知なる挑戦の中で信仰が訓練され、新しくされ、成長していきました。そして福音を伝える思いも、会社経営の負担に押し潰されるどころか、一層確固としたものになっていきました。ですから、会社経営と宣教を組み合わせるこのやり方が、自分たちにとって良いものだということが分かったのです。

トラブル、またトラブル（三十代前半）

夫婦でベンチャーに挑戦することによって、自分の限界を突破し世界が広がったのは良かったのですが、当然ながら、給料をもらって働いていた時には考えられなかったような大きな失望のリスクに身をさらすことになり、生涯忘れられないような事件もいくつか経験しました。

例えば二〇〇三年には、「癒しの集会から疲れ切って深夜に帰宅すると、家の地下室がすべて浸水していた」という事件がありました。家の水道管が破裂したために地下の事務所が水浸しになり、原材料も、完成した商品も、発送用品も全部駄目になっていたのです。

しかもタイミングが最悪で、ちょうど流動資金が厳しい時期でしたから「これで間違いなく会社はお終いだな」と私は思いました。パニック状態で涙が止まらず、せめて何箱かの商品を救出しようと試みたものの全部駄目になっていました。この時、「自分は主のためにこんなにがんばって奉仕しているのに、集会の最中にビジネスがこんなことになるなんて、主は酷い御方だ……」とは、実は思いませんでした。私にとって**主は親友のような関係の、誰よりも信頼できる存在、大切な存在**ですから、自分に理解できないことが起こっても、茫然としたり絶望したりすることはありますが、主を疑う気持ちにだけは絶対なれないのです。

さて、疲れ果てて短い眠りに着いた翌朝、私は文字通り打ちひしがれて目覚めたのですが、そこでどうにか自分にこう言い聞かせることに成功しました。「神様に見捨てられたわけじゃない。きっとこの難局からも救い出してくださるだろう」。このように考えることは信仰であり、良い結果に繋がりますから、苦しみの最中にこのように考えられるなら本当に幸いなことであり、恵みだと思います。実際、この時私たちは主を信じて最悪の状況をお委ねすると決心したのですが、やがて保険会社が来ると、なんと在庫どころか会社の財政状況まで回復してくれるだけの保険金が出るという結末になったのです。災いは転じて福となり、会社はより良い状態で再スタートを切ることができたのでした。

そういえば、忘れられない訴訟トラブルもありました。二〇〇五年に会社設立五周年を記念して、休暇ながらいくつか説教の招きも受けているという、定番のスタイルでカナダに出かけた時のことです。初めてのモントリオールを楽しみ、宿泊先に着いたと思ったら、電話がかかってきました。競合他社が「ブランド名が似ている」と称して私たちを訴え、なんと、その会社の要請で、四十八時間以内に私たちが商品取引を停止するようにという仮処分命令が、すでに裁判所から出ているという知らせでした。あまりの信じ難い展開に、「夢ではないか」と自分を抓《つね》ってみなければならないほどでした。

もちろん、すぐに弁護士を雇いましたが、彼は「こだわらないほうが良いですよ、書類手続きを進めるだけで二年かかり、その間は商品を販売できなくなりますから。それより、名前とロゴを変えたほうが良いでしょう」などと冷たいことを言うではありませんか。うまく軌道に乗ってきた会社の名前を理不尽な理由で変えさせられるなど、到底納得できないと思いましたが、主にお委ねして、弁護士のアドバイスに従うことにしました（この訴訟そのものは、彼の予想通り二年後に審理が始まり、私たちが勝ちました）。「このような危機に陥るのは、神に見捨てられた証拠ではないか」と考えることもできます。しかし「理解できなくても、状況に関わりなく主を信頼する」ことも可能なのです。そして、結局この時も、この「運命の悪戯」が素晴らしい「跳躍台」になり、ブランド名変更を利用してメディアに売り込みをかけた私たちは国際市場への足掛かりをつかむことになったのでした。

困難を通しての祝福と成長

このような困難があったにもかかわらず（あるいはそうした困難のおかげで）、ゼロからスタートした私たちは数年の内に十名ほどの従業員を数え、国内市場シェアトップ企業となり、州内でもスイス全体でも、女性創業家に与えられる賞やスタートアップ企業に与えられる賞を受賞してきました＊。起業家精神をもって努力し、前職の経験を生かしてキャリア変更に対応してきたのはもちろんなのですが、今ご紹介したように、人間がコントロールできる範囲を超えた出来事というものは必ず起こってきます。そんな中、**主に従う人生を選ぶ人は、たとえ災いが重なったとしても主がそのすべてから救い出してくださる**ということを語った聖書のメッセージ（詩三四・二〇）は本当に真実だということを、私は人生の中で何度も何度も味わってきました。

＊https://www.letemps.ch/economie/deux-laureates-prix-femme-entrepreneur-lannee
http://nail-news.ch/

それにしてもなぜ、人生にはこうした理不尽なトラブルが起こってくるのでしょうか？こういうことが起こると、自然と誰でもその原因を探したくなりますが、それは必ずしも適切な態度ではありません。原因といっても、しばしばいろいろな要素（状況、攻めの経営、人間の妬みや敵意、それに霊の世界からの攻撃など）が混ざり合って、結局多くの部分が分からないままだということもありますし、「大切なのは起こった出来事そのものではないから」ということもあります。大切なのは、「その出来事から何を学ぶか」、また「信仰によってどんな結果に繋げていくか」でしょう。出来事は良いことでも悪いことでも、すべて私たちの性質と神への信仰をテストしますが、中でも「悪い出来事」のほうが成長の糧となり、祝福の種となることが多いものだと思います。

私が自分の人生の困難や試練から学んだことを一言で纏めると、人は試練を避けることはできないということ、試練の時も主は守ってくださっているということ、そして、主に教えていただこうと心を開くならば、必ず試練から学ぶべきことが見出されるということです（ヤコ一・三）。試練を通して私たちは、より賢明になり、主にあって強い者になり（一コリ一二・一〇）、信仰を強められ、根気強さや忍耐深さを身に付けることができる、言い換えれば、祝福された人生の秘訣を手に入れることができるのだと思います。

第五章　人間を救う力

滅びゆく人類

ある時私は、地獄へ向かう人類についてのまぼろしを見ました。それは今も私の心に焼き付いています。

まぼろしの中で私は他のクリスチャンらと一緒に、快適な気候の中アヴィニョン橋の上で神の臨在に包まれながら賛美歌を歌っていたのですが、その最中に妙な胸騒ぎを感じ、手摺のところまで見に行きました。すると、川が大荒れになり多くの人が波に攫われて流されているのが見えたのです。彼らはパニック状態で、「助けて！　助けて！」と絶叫し、恐怖の叫びを上げ、水に呑み込まれ消えて行くのでした。私は仲間たちに叫びました。

「溺れてる人がいるぞ！　助けないと！」

しかし彼らの返答は以下のようなものでした。

「神を賛美し御臨在を求めることのほうが大切だ」「チームの結束を高めるためコミュニケーションについて学ぶのが先だ」「水難救助の講習を受けたほうがいい」「法律的に、無許可で行動するとトラブルになる恐れがある」

議論している間に、何十万人もの人が水に呑み込まれていく様を見て、主に尋ねました。

「主よ、何をするべきですか？　まずあなたの臨在を求めて賛美歌を歌うべきか、グループの結束を高めるべきか、講習を受けるべきか？」

すると「否！」が雷のように鳴り響きました。「急ぎなさい、ジョン＝リュック。あなたの救命浮き輪を投げなさい！　橋の上にいる者しか彼らを助けられない。一秒も無駄にしてはいけない！」

「救命浮き輪なんてありません！」

「あなたの救命浮き輪、それはわたしの御子イエス・キリストだ！」

そう言われると、私は確かに救命浮き輪を持っていることに気付きました。その救命浮き輪を欄干から投げてみると、つかんだ人がいてそのまま土手へと流れ着いたのです。それを見た仲間たちも救命浮き輪を投げ始め、助かる人が出始めました。岸にたどり着いた人々も橋の上の私たちに合流し救命浮き輪を投げ始めました。多く投げればそれだけ多く救助でき、救助活動と並行して、最も良い投げ方や岸までたどり着くためにどう助ければ一番良いかの意見交換まで行われるようになり、最終的には全員が、救助のために自分が何をすれば良いかを把握するようになりました。救助活動が終わると、再び最初と同じ賛美の歌が始まりましたが、最初と違って、そこには救われた人々の喜びの叫びが入り混じっていたのでした。

以上がまぼろしの内容です。

罪からの救い

イエス様は、新しい宗教をもう一つ増やすために来られたのではありません。私たちを地獄という永遠の溺死から救うために来てくださったのです。「失われたものを捜して救うために来た」（ルカ一九・一〇）と言われた通りです。二章でもお話ししましたが、私は「イエス様を紹介したい」「私たちを地獄から救うために天から遣わされ、人間となって降られた神の御子のことを人々に知らせたい」という願いがいつも心にあり、教会活動においても、「急を要するのは、クリスチャンが快適に過ごすことよりも、人々を救うことだ」と思っています。救命浮き輪であるイエス様、十字架で死なれ、復活されたイエス様を、イエス様とのリアルな関係を経験したことがない今の世代の人々に紹介しなければなりません。

まぼろしの中で、橋の上にいる全員がイエス様という救命浮き輪をちゃんと一つずつ持っていたように、生きておられるイエス様を個人的に知っているすべてのクリスチャンは、イエス様を人に紹介することができます。溺れている人に、自分が持っている救命浮き輪を投げるべきです。もちろん自分が教会に通い、主を愛し、他の人と知り合うこと、また聖書の学びなども大切なことです。しかし「失われたものを捜して救う」というイエス様御自身の使命こそ、何にもまさって切迫したものです。クリスチャンがあまりイエス様の話をしようとしない傾向について、ローマ教皇ベネディクト十六世の友人であり教理の専門家として知られるニコラ・ブックスとサルバトーレ・ヴィティエッロ両神父はこのように書いています。「聖職者の発言の中で、イエスについての話題が減り、平和や正義や連帯や対話についての話題が増えている・・・彼らにとって、現代人との対話の中でイエスはもう有効に思えなくなっているのだ。イエスの御名が**人を救う力のある御名**であると知らないのかもしれない。しかしこれらの「イエス」以外の単語は、最良の場合でも、祈念か願望でしかない。その証拠に、人がそれらについて話せば話すほど、それらの実現から遠ざかっているという事実がある」*。イエス様は本当に生きておられ、人を救う力をお持ちですが、そのイエス様を人に紹介できるのは、私たち人間だけなのです（一コリ一・二一）。

* Benoît XVI nous enseigne que charité et annonce de la foi sont indissociables (free.fr)

ところで、救うとは何から救うのでしょうか。もちろん地獄からですが、それは結果であって、まず主は私たちを罪から救いたいと思っておられます。では、罪とは何でしょうか。人は罪というものを、静的な何か、こちらが自由に制御できる何かのように感じがちです。しかしそれは事実ではなく、罪とはいわば重力のように、普遍的な法則性を持つ力です。悪い一歩が次の悪い一歩を生み、一定の深みに至れば後は蟻《あり》地獄のように引きずり込んで滅びに至らせるという厳格な法則性をもって人間を死に追いやる、怖ろしい「力」なのです。しかし、人間はどうしてそのような泥沼にはまってしまうのでしょう？　実は、聖書で「罪」と訳されているヘブライ語「ハッタート」やギリシャ語「ハマルティア」は、「的外れ」という意味の言葉です。人間が「万物の根源である至高の神など知らない、関係ない、自分は自分で自分の人生を生きていきたい」と（ほとんど無意識であっても）考える時、「神の子どもとして生きる」という人生の一番大切な「的」から外れてしまいます。その「的外れ」が聖書の言う〈罪〉なのです。神を認めず、人生を自分の力で自分のために生きようとする、この的外れな態度すなわち罪（ロマ一・二一）の結果、人間は内面深くに「壊れたアイデンティティーの深淵」を抱えて生きていくことになり、基礎が間違っているせいで、そこから個々の具体的な悪しき思い・言葉・行動といった、いわゆる罪が生まれてくるのです。**人間は、神から離れて自分の力で正しく生きることはできない**ということですが、こうした各自の生き方については当然、各自に責任が問われてきます。

どんな宗教も、またキリスト教会も人間をこの「的外れ」とその結末から救うことはできません。イエス様だけが人を救えるのです（一ヨハ五・一〇〜一二）。救われるためには、個々の過《あやま》ちを反省するのも大切ですが、最大で最初の過ちは「人生を自分の力で生きようとした高慢さ」ですから、まずは自分が「神なしには何もできない者」だということを潔く認めなければなりません。なぜなら人間は自分の髪の毛一本白くも黒くもすることができない、また寿命をほんの少し伸ばすこともできない無力な存在（マタ五・三六、六・二七）に過ぎず、私たちは誰も自分一人の力で生きているのではないからです（詩一〇四・二九）。聖霊様の助けによって、そのことに気付かされたなら、大人でも子どもでも老人でも、「自分には神が必要なのだ」と認め、へりくだって「今までの態度をお赦しください。あなたに従って生きて参ります。どうか私をお救いください」とお願いすることができるようになります。心から真剣にそう表明する時、神は必ず応答してくださり、その人の内面で何かが生まれ変わり、まったく新しい人生を生き始めるという素晴らしい奇跡が起こるのですが、それは〈新生《しんせい》〉(ヨハ三・三、二コリ五・一七)と呼ばれる奇跡で、そこから始まる〈新しい命〉は肉体が死んでも永遠に続くため、〈永遠の命〉(ヨハ三・一六)とも呼ばれます。簡単に言えば「死んだら天国に行ける」ということですが、それだけではなく、この永遠の命を持つ人は**地上で生きているうちから前もって天国(神の国とか御国とも言います)をたっぷり味わえる**ようになるのです*。〈新生〉は宗教儀式ではなく、心と心の触れ合いですから、自分と神の二人だけで真剣に向き合えば、自分の部屋でも体験することができます。その時、もし特別に強い感情や不思議な現象が生じなくても大丈夫です。注意して静かに自分の中を観察してみれば、不思議な平安が生まれていることに気付くでしょう。肩から荷物が滑り落ちた感覚や、美しいものに取り囲まれている感覚を持つ場合もあるでしょう。すべては主からの贈り物です。

*二コリ一・二二において「保証」と訳されているギリシャ語は「前金」という意味で、著者はこの

箇所と一コリ一二・四〜一一を重ね合わせ、種々の霊的賜物（特に神癒）を念頭に「前もってたっぷり味わえる天国」と言っている。

主から預かった荷物

少し深い話をすると、二章で説明したように、私の心は神から与えられた〈火〉を抱えていますが、実はその火が「燃え盛る炎」としてではなく「抱えた荷物」として静かに感じられる場合もあります。荷物といっても、重く伸し掛かって心を押し潰す、押し退けたくなるような荷物ではなく、圧倒的な人々の必要を前にして私の心を大きく広げ、悲しい気持ちではなく、研ぎ澄まされた思いにしてくれる種類のものです。私はこれを物体のようにリアルに感じており、事細かに描写することもできます。それは大きく、というか巨大で、主の心と同じリズムを刻み（エレ三一・二〇）、重量は軽く、良い匂いがして、味は酸っぱくも苦くもなく甘さがあります*。この荷物を持っているのは私だけではなく、貧しい人のために働いている人、困難な国や地域のために働いている人、また預言などの特に困難な働きのために主が選ばれた人すべてに当てはまります。これは召命から来るものであり、従って、この荷物を持っていることは、その人が神によって特別困難な働きに召されていることの徴、要するに、地上で達成すべきその人の使命の刻印（ガラ六・一七）であり、その人自身の霊と一体化して、神の御旨を絶え間なく思い起こさせるものなのです。

＊使命の味覚的表現についてはエゼ二〜三章を参照。

この荷物は、自分の力で背負わないのがコツです。私の召命は、すべての人、特にヨーロッパにおいてあらゆる人を救いに導くことですが、その壮大で困難な使命を前にすると、人間である自分の無力さを強く意識せずにはいられませんし、思ったような結果が簡単に出るわけでもありません。ですから、**もし自分の人間的な力でこの務めを果たそうとすれば、それは重くなる**でしょう（民一一・一〇〜一五）。私はそれを負うには無力で、ふさわしくない者ですから、「主よ、なぜ私を選ばれたのですか？　もっと能力のある人はたくさんいるでしょう！」と思います。しかし、主は能力ではなく心を見られる御方です。ですから私たちも、「主にあって使命を果たせるはずだ」という信仰をもって、この荷を負いゆくことができるはずです。

この荷物は、私の中にあって離れることができませんから、どこに行く時も私はこれを持って行きます。この荷は主から分け与えられたものであり、血を流す御父の心に私を結び付けています。この荷物の存在が心に強く感じられる時には、私は何をしていても中断し、すぐに祈り始めますし、教会の礼拝や集会に参加する時はいつも、滅びゆく人々がキリストの救いを受け取ることを内心の目標にして参加しています。すべての人が、神の呼びかけに応えて救われることが私の願いです。使徒パウロはテモテに「そこで、まず第一に勧めます。願いと祈りと執り成しと感謝とをすべての人々のためにささげなさい（中略）神は、すべての人々が救われて真理を知るようになることを望んでおられます」（一テモ二・一〜四）と書き送っていますが、クリスチャンの集まりで、虚ろに響く立派な祈祷や、茶と菓子を前にした客間のお祈りのようなものには、正直に言えば、私は居心地の悪さを感じてしまいます。人の命が懸っている時、礼儀や作法は忘れ去られるものではないでしょうか。本物の、滅びゆく人々のための「執り成しの祈り」というものは、心の奥底からの叫びであり、まぼろしの中で私が叫んだように、腸《はらわた》からほとばしるものだと思います。といっても、これは私が他の人より立派だということではなく、私の伝道者としての賜物がそこにあるからだということも分かっています。私が聖霊様に捉えられ、人々のために、我が子の命が懸っているかのように祈ることがあるのも、他の町、地方、外国から招かれた時には何時間も準備の祈りを続けることができるのも、この荷物が自分の中にあるからなのです。そういう祈りの時には、後で肉体をもって訪問することになっている場所を事前に霊の中でよく行き巡ります*。大学、役場、病院、娯楽施設、教会といったものが見えます。人々の期待や苦悩、殴られる子どもたち、引き裂かれた家庭、高級車を乗り回し文字通り支配者として君臨しながら、その心は誰よりも悲惨な人生を送っている人々を見ます。

*遠隔地の情報を霊の中で得る事例については、王下六・一二やヨハ一・四八参照。一種の「霊視」であるが、著者は自ら望んで、あるいは自分の霊力を使って積極的に探っているのではなく、「癒しや解放という善(ルカ六・九)を効果的に行う」という健全な目的のため、聖霊によって見せられるものを見ているだけであり、霊視それ自体を重んじているわけではない。

〈同情〉は奇跡を呼ぶ

ところで、炎として現れることもあるこの荷には、実はまた別の「何か」が引っ付いているのですが、それが二章で少し触れた〈同情〉で、これも私の使命と関連して聖霊様から与えられたものです。病気の人を前にすると、聖霊様から来る力でもなく、「荷」の絶えざる呼びかけでもない何か**別の明確な実体**、聖書が〈憐れみ〉とか〈同情〉と名付けているもの*が私を捉えます。実はイエス様もそうでした（マコ六・三四）。〈召し〉〈使命〉〈荷〉〈同情〉は全部が繋がっていて、いわば**父なる神の御心の延長**のようなものだと私は感じています。

*通常の人間的な「思いやり」を超えて、相手の痛みが自分自身の痛みであるかのように、内臓が痛むほどの感覚を聖霊によって起こされるもの。第二章の説明も参照。

この〈同情〉が人間的な感情や判断とどう違うのか説明したいと思います。例えば、私は多くの病人を前にすることが多いですから、普通に「ああ、悲しいことだなあ！」と思い、心が動かされて涙が出たりしますが、それは悲しい気持ちになるだけで問題を解決しないので、残念ながら本当に相手を助けているとは言い切れません。それに対して、神から来る〈同情〉は私の奥深くで起こる**聖霊様の業**であって（私の人間としての感受性と響き合うのは確かですが）神癒活動という力強い「行動」へと進ませ、「実際に奇跡が起こって相手の問題を解決する」という、人間的な同情や努力によっては決して起こらない結果を生み出します。これは私自身へのテストでもあります。自分の感じているものが聖霊様による〈同情〉ならば、悲嘆で終わらず行動へと繋がっていくはずだからで、自分では同情のつもりであっても、もしそれが諦めや自己憐憫に終わるなら人間的な悲しみに過ぎず、もっと言えばそれは「へりくだって神を見上げようとしない、**ある種の高慢**」だと分かります。人々の救いのために陰ながら祈る〈執り成しの祈り〉についても同じで、本物の執り成しの祈りを続けているなら、やがて伝道といった何らかの「行動」に繋がっていくのが首尾一貫したあり方だと思います。

私は病人に会う時、それがスタジアムやいろいろな会場に招かれた場合であっても、病院に行って祈る場合であっても、病気で苦しむ人への神の愛をいつも感じ〈同情〉に捉えられ、解決と変化をもたらしたいという気持ちに駆り立てられます。ところが人間である私には、それは当然不可能です。そこで私はイエス様に心を向けます。「私はこんなにも限界ある者です。主よ、これらの病んでいる人々を、苦しむあなたの子らをご覧ください！」そして自分の中で神癒の信仰を「起動」させ、〈慈しみ〉*そのものであり〈癒し〉

そのものである御方、十字架で私たちの罪と病を取り去ってくださった御方との交流に入っていきます。こうして〈同情〉、**信仰、御言葉の宣言が組み合わされる中で、実際の神癒現象が起こり始める**のです。主は御自身の力を発揮なさるために、いわばスイッチを入れるような「人間側の動き」を求められるということです（これについては、八章で詳しく取り上げたいと思います）。

＊ヘブライ語「ヘセド」。口語訳・新共同訳では「慈しみ」、新改訳では「恵み」と訳されている。

ただし気を付けなければならないことがあります。私たちは神の「手であり腕」に過ぎず、決して「頭」ではないこと、それどころか神の御業の単なる見物人になる場合もあることを常に思い起こすことが大切なのです。それを忘れるなら、すべての重量（奇跡を起こす責任）が自分にまともにかかってきて、その重さに押し潰され、私たちは壊れてしまうでしょう（全部最優先だと思えるような深刻かつ緊急の手紙の山や、インターネットとSNSの普及で跳ね上がったプレッシャーや過剰な依頼の問題もあります）。私の例ですが、私は長年あまりにも多くの病人や障碍者をひっきりなしに見続け、神の〈同情〉によって自分の同情が強められるのを毎回感じ続けた結果、自分自身の心がやられてしまいました（私のバーンアウトについては八章に書いてありますので、詳しくはそちらを読んでください）。神癒の働きをしていながら、病む人と一緒に苦しまないということは、不可能です。苦しんでいる人の表情や事情は記憶に残りますし、人間の神経というものはその感覚を忘れてくれないのです。また、癒しがすぐに期待したような形で起こらない場合の「無力感」による消耗も深刻です。

このように〈同情〉の賜物には犠牲が伴いますが、それでも同情は神癒の奇跡に必ず伴うべき要素だと私は思っています。なぜなら、同情なしには「病んでいるその人自身」に心を向けることはなく、「癒しという珍しい現象」にしか興味がなくなっていくからです。身体器官や肢体にばかり興味を持ってその人自身を少しずつ忘れていき、ジョン＝クロード・シャブロ（スイス連邦議会チャプレン）の恐ろしい表現を借りるなら、相手を「治療対象物」として扱うようになっていくでしょう。**神は体を癒やすのではありません。人を回復させられるのです**。一方、同情があるなら相手を人間として扱い、常に人格として意識することになります。同情というのは要するに〈愛〉の一つの形ですが、どれほど大きな信仰であっても愛を欠いているならどこか歪《いびつ》なものであり、神の御前に無意味です（一コリ一三・二）。信仰は本来〈愛〉に活気づけられて（愛を通って）機能するべきもの*であり、そういう意味では、愛の一つの現れである〈同情〉こそが、奇跡を起こす神の御力のいわば「触媒」であると言うことができるでしょう。これはとても重要な、忘れてはならない点です。

＊ガラ五・六のギリシャ語原文に現れる「ディア」の基本的意味は「～を通って」であり、「愛を通って活動する信仰」と訳せる。

〈同情〉と汚物

さて、神癒の働きに召し出された者の宿命とも言うべきこの〈同情〉について、それがかなり苦しいものだということをお話ししてきましたが、この辺りで一つだけ具体的な例として、二〇〇二年にブルガリアで行われた集会で私が経験したことをご紹介しておきます。

集会の中で、車椅子に乗った一人の男性の姿に私の心は捉えられました。というのも東ヨーロッパの社会システムは西ヨーロッパのような水準にないため、この男性も単に歩けないだけではなく、悲惨な環境で生活しているに違いないと思うと、いっそう強い〈同情〉を感じたからです。私は説教を続けながらも「神様が自分を通してこの男性に触れ、癒される方法はいったい何だろう？」と心の奥深くで探り続けていました（実はこれが神癒の働きの一つの鍵です。**病人は一人一人が唯一の存在であり、それぞれの仕方で癒されます**。集会の中で、特別の祈りなしに自分の座席で癒されることもあれば、説教者が介入して信仰の言葉を宣言したり、〈知識の言葉〉を語ったり、手を置くなどの仕草をすることによって癒される場合もあって、種々様々なのです）。

そうやってその男性の癒される方法を霊の内に探りつつ喋り続けていた時です。私の腹の底から急に何か〈超自然的な物質〉（詳しくは七章）が上ってきて内臓を占領し、「すべては可能である」というマルコ九・二三の信仰で自分の胸が膨れるかのような高揚した感覚に捉えられた私は、直ちに説教を中断し、男性に近付きながら言葉を放ちました。「私には金や銀はないが、持っているものをあげよう。ナザレの人イエス・キリストの名によって立ち上がり、歩きなさい！」これは使徒ペトロ（ペテロ）がエルサレムにある「美しい門」で語った言葉です（使三・六）。この御言葉は、聖霊様の後押しによって力強く実現しました。彼は直ちに立ちあがり、私に向かって歩いてきたのです！　それは本当に感動的な癒しでした。

ところが彼が近づいてくると、なんと、耐えられないほど酷い糞尿の悪臭が襲ってきたではありませんか。下《しも》の世話すらしてもらえない彼の環境への同情を感じると同時に、あまりにも酷い悪臭に私の神経は耐えられなくなってしまい、人間としての自分の神経と、神の〈憐れみ〉の器としての霊的高揚、二つのものが矛盾するような状態の中で私はついに限界に達し、その場で嘔吐し始めたのです。

人々に近づくことには、この例のようなデリケートな側面もありますし、単純に警備上のリスクもあります。それでも私は説教する時、よく舞台を降りて聴衆のほうへ近寄って行きます。確かに舞台のほうが大群衆でも何が起こっているのか見ることができるのですが、病人に直接触れ群衆の中で癒しの働きをなさったイエス様は、今もお変わりにならないため、私も主御自身が感じておられることのわずかな一部を感じ〈同情〉に捉えられると、病人から離れたステージの上に留まっていないで直接接触したくなってくるのです。文字通り主と共に人々の間を歩いて行く中で、〈知識の言葉〉を受け取ったり、誰かの病気を感じたり、ガンや、時には迫り来る死を感じたりします。次に、私の仕草や祈りや宣言によって、主が御自身の愛と慈しみを地上に現されるための「スイッチを入れ」ます。というのは、しばしば主は勝手に奇跡を行われるのではなく、人間がスイッチを入れるのを待っておられるからです（マタ一八・一八）。ちなみに、私と同じ分野で用いられている他の働き人たち全員がこういう感性や大胆さを持っているわけではなく、私はかなり特殊なタイプかもしれませんが、主は、私にはこのような形で働くことを促されていると感じています。このスタイルはセキュリティ上のリスクがありますが、天の御住まいの永遠の美と幸福を去って、混沌の中で苦しむこの世界に降って来てくださった主を思うと、どうしても、苦しむ人の側《そば》に私も行って交わるのが当然であると感じてしまいます。ですから、主が重い皮膚病の患者に触れられたように、私も群衆の中に混じって深く関わりたいのですが、そうすると先ほどの例のように、人としての私の神経には耐え難いような経験をする場合も出てくるわけで、こうしたことも〈同情〉のもたらす複雑な問題の一つだと思います。

神の〈同情〉

この二〇〇二年のブルガリアの集会では、希望と真理に飢え渇き、また特に、神が訪れて病気を癒してくださることに飢え渇いている大勢の人々を前にして、私は説教の始めから〈同情〉に捉えられました。いつものことですが、集会中、会場にある主要な病気が総合的に見えるのと同時に、個々人の病気が（あるものは肉眼で、あるものは霊の内に）見え、何千人の群衆であっても、ある人々はその中から飛び出して、その病の苦しみをもって私の霊の前に出て来る、あの車椅子の男性もその一人でした。これは**神が、人間の中で一番小さい者、苦しんでいる者に重きをおいて注目し〈同情〉をもって臨んでおられる**ことを意味します。イエス様が天の栄光を捨てて人の身分となりこの世に降られたのは、しかも宮殿ではなく、あろうことか貧しい馬小屋でお生まれになったのは、人生の「的」を外して罪と病に押し潰されている私たちを探し、救うためでした。人は皆同じで、どんなに何不自由なく恵まれた人でも、魂が罪の支配下にあるなら、霊的には車椅子に座っているようなものです。イエス様は私たち一人一人をその状態から救い出すため、「神の身分でありながら、神と等しい者であることに固執しようとは思わず、かえって自分を無にして、僕《しもべ》の身分になり、人間と同じ者になられました。人間の姿で現れ、へりくだって、死に至るまで、それも十字架の死に至るまで従順でした」（フィリ二・六～八）とある通り、御自分を無にして、限界まで身を低くされたのです。

　そして、こう約束してくださいました。「盗人（悪魔）が来るのは、盗んだり、屠ったり、滅ぼしたりするためにほかならない。わたしが来たのは、羊（人間）が命を受けるため、しかも豊かに受けるためである」（ヨハ一〇・一〇）。「豊かな命」とはこの章の前半でお話しした〈新しい命〉〈永遠の命〉のことで、〈新生〉と同時に与えられ、私たちを永遠にまで導いてくれるものですが、その〈命〉は、実は**御子イエス様の内にあります**（一ヨハ五・一一）。というのは、先にお話しした「神の前に真剣にへりくだる者は誰でも赦され、救われる」ということは決して「当たり前」ではなく、**イエス様の犠牲だけがもたらした大きな贈り物**だからです（そして神癒は、イエス様がもたらしてくださった赦しと救いが確かであることの証拠（ルカ五・二〇〜二五）として与えられた贈り物なのです）。

ですから永遠に生きておられるイエス様を個人的に知れば知るほど、〈永遠の命〉をリアルに体感できるようになると言えます。イエス様と個人的な知り合いになるなど厚かましいことのように思えますが、それは可能であり、しかもこの上なくシンプルなのです。というのは、私たち一人一人と個人的な友情を確立したいと願うあまり、そのために必要なすべての準備をイエス様のほうで、もうすでに百パーセント整えてしまわれたからです。人間の側は、神でありながら人を救うために御自分の命を捨て、よみがえり、今も永遠に生きておられるイエス様に、どこか静かな場所で一人になって、真面目な心で向き合うだけで良いのです。「私のために命を捨ててくださったのですね」「ありがとうございます」「あなたのことをもっと知りたいです」「私の人生を導いてください」など、素直な心を向けるなら、イエス様は喜んで答えてくださるでしょう。

第六章　精神的危機と新たな出発

三十歳の危機

本書もここから後半に入ります。まずこの章では、私が三十歳頃に経験した精神的危機、それを通して自分の人生の基礎を点検し直したこと、またその時期に設立した「神癒ミニストリー＊国際協会」（略称ＡＩＭＧ）の働きをご紹介したいと思います。すでにお話ししたように、私は父の働きの中で伝道生活のスタートを切り、父から多くを学んできました。しかし、私の召命は一教会よりもはるかに規模が大きかったので、父の教会で共に働くことが段々難しくなってきて、ちょうど妻と共に会社を立ち上げた三十歳の頃に、残念ながら教会を出ることになりました。ずっと父の背中を見てきた私はすべての目印を失って不安に陥り、真っ暗な中に沈んでいく感じで、打ちひしがれてソファで過ごし、不調のあまり潰瘍性出血が止まらないものですから、自分はきっと死ぬに違いないと思ったほどです。こういう時、年長の友人は大きな支えです。彼らが私を訪問し、あふれるほどに助言し祈ってくれたおかげで、当たり前のことかもしれませんが「一つの教会を離れたからといって本質的なものを失ったわけではない」すなわち「神と自分の関係や、神から任された使命を失ったわけではない」という事実を本当に理解することができるようになりました。それは聖書によれば〈自分に死ぬ〉（ルカ九・二三〜二四）時、言い換えれば、徹底的な自己放棄と総点検の時でした。私はどれほど自分が、父と一緒に携わっていた働きにアイデンティティーを置いていたのか、もっと言えば主のために自分が行っていたすべての業にアイデンティティーを置いていたのかに気付くようになりました。人間のアイデンティティーというものは、決して社会的立場、職業上の立場、教会での立場など、自分から取り去られるかも知れないものに置かれてはなりません。さもないと、それを失えば死ぬと感じるでしょうし、実際に死ぬこともあり得ます。この精神的危機の中で、私は完全にゼロから再スタートし、子どものように完全に主に頼り切ることを改めて学び、健全な基礎を築き直すように導かれていったのでした。

＊本来、ミニストリーとは僕として主人の命令の下に行う仕事を指すが、キリスト教においては神の命令の下に行う聖職者としての働き、またより広く「神のために献身的に行う奉仕」を指す。なお、A

ＩＭＧホームページは英語版もある。
https：//healing-ministries.org/

さて、信仰を健全に守るためには教会生活を大切にし、信仰の仲間たちに囲まれて生きるべきですが、実はそれまで私たちが所属していたフリブールの教会から十キロ先に、オーロン福音教会という教会があり、二つの教会は以前から良い交わりを持っていました（ジョジアーヌは特にそこの牧師ヴェルネール＆マドレーヌ・レマン夫妻と親しくしていました）。レマン夫妻は一つのブレザレン集会の責任を引き継いだ農家であり、その集会に「聖霊様の働きを重んじる気風」をもたらし、「信徒を各自の召命と賜物に沿って導き、各々に適した働き《ミニストリー》に就かせる」という自然な共同体的成長を実現した良きリーダーです（レマン時代全期間で五十名から七百名の教会に成長）。教会周囲の環境自体は似たようなもので、人口数千人の、家畜のほうが数が多いような地方の農村でしたが、オーロンはヴォー州つまりプロテスタントの土地柄です。妻と共に祈っていく中で、今後はこの教会に根づいていくべきだと確信するようになったのですが、不安半分で訪問してみれば、彼らはごく自然に私たちを歓迎してくれました。私たちが元の教会を出なければならなくなったことと、彼らの教会に加わりたいことを分かち合ったところ、彼らも祈ってくれ、その上で私たちを教会員として迎え入れてくれたのでした。

それからの一年間というもの、私はオーロン教会の会衆席に座り、ほとんど誰にも知られず、外国でも地元でも説教奉仕をせずに過ごし、祈り会にも、何の役目もなしに通いました。それまでと違って何の責任もなく、「リーダーでも誰でも、心配せずにいつでも集会を休める」という教会の雰囲気も、私にとっては驚きというか、新鮮な外気を胸一杯に吸い込むかのようで、ゆっくり気持ちを休めることができました。そうやって霊的健康も徐々に回復し、ぽつりぽつりと説教を再開し、やがてレマン師の国外での奉仕について行くようになり、というふうに一歩ずつ一歩ずつ復帰していったのです。現在も、私はこの教会（現在名称ゴスペルセンター・オーロン）でリーダーの一人として奉仕しています。

AIMG設立の経緯（三十歳～三十二歳）

個人としての霊的生活や、福音宣教者としての私個人の働きはこうして回復していったのですが、実はそれと並行して、新しいことが一つ始まりました。それは現在私が会長を務めている「神癒ミニストリー国際協会」（略称ＡＩＭＧ、英語略称ＩＡＨＭ）という、神癒を世界中に広げるための働きです。ＡＩＭＧ設立の経緯について少しお話しさせてください。話がアメリカに飛びますが、ミネソタ州にジム＆ラモナ・リッカードという牧師夫妻がいて、神癒や預言の活動を展開し「終末時代の教会においては、新約聖書に描写されている初代教会と同様、福音宣教に神癒の奇跡が伴うマルコ一六・二〇の状態が当たり前になる」と確信していました。彼らに賛同する教役者《きょうえきしゃ》のネットワークが生まれ、神癒や預言、また新規ミニストリーのサポートなどの活動を行っていたのですが、その中で「神癒を行う説教者たちの国際団体を作ろう」ということになり、リッカード夫妻は、神癒と預言の働きに長年携わっていた旧知のイギリス人説教者イアン・アンドリューズに声をかけたのです。そしてアンドリューズ師によると、彼がその申し出について祈っていた時、本物の物理的な金の粉が天から降るという不思議な現象が起こり、十五年も前に神癒について質問攻めにしてきた、それきり会ったことのない少年（つまり私）に連絡を取るように、という神からの語りかけを受けたのだそうです。彼は、とにかくその不思議な体験を話そうと思って、スイスに住む私にイギリスから電話をかけてくれたのですが、それは、ちょうど精神的危機からようやく立ち直った私が米国の「癒しの声」＊のような神癒ミニストリー団体を作りたいとレマン師に相談し、準備活動をしていた時でした。あまりにも絶妙なタイミングに、すべてを知っておられる偉大な主の豊かな愛を感じた私は、電話口で子どものように泣いたのでした。

*https://voh.church/

こうして「いつか教派を超えてすべての神癒ミニスターが一つになること」を願っていた私の願いと同じ方向の、しかもはるかに先を行く国際団体のヨーロッパ支部として、AIMGはレマン師を支部長としリッカード夫妻やメンターのアンドリューズ師、そして事務方のオーロン教会など多くの人々の協力によって二〇〇一年に誕生したのでした。AIMGの目標は「説教者や医者など、癒しに携わる人々が互いの経験を共有することで、病が支配する領土を狭め、一人でも多くの人が本人や周囲のために神癒を行えるよう育成すること」ですが、この趣旨と「教派を超えた一致」も規約に盛り込んでプロテスタントの全教派に呼びかけたところ、予想をはるかに超える反響があり、大いに手応えを感じました。

AIMGのイベントとしては最初は小さな集会だけを開いていましたが、翌年になって「一年後の二〇〇三年にオーロンで第一回国際神癒カンファレンスを開催しよう」と決め、小さな委員会で準備を始めました。ＡＩＭＧを組織立った大きな運動に育てていくつもりなら当然こうした行事は必要ですが、地元や海外のスピーカーを招いて何日も続くイベントを準備するのは、経験不足もあって決して簡単なことではありませんでした。ＡＩＭＧの小さな集会は十分祝福されていましたから、別にこれ以上無理をしなくても、という思いもありました。しかし、そんな中でカンファレンスについての預言が与えられたのです。それは「カンファレンス会場全体に聖霊の働きが現れ、十字架に近づく者たちが救いと共に神癒を受け取ることにより、十字架の御業が新たに証明されることになるであろう」というもので、この預言に非常に励まされた私たちは、何とか最後まで準備をやり遂げることができました。事前の予想出席者は四百人くらい、もしその二倍の人々が来るようなことでもあれば驚くべき成功だと思っていましたが、二〇〇三年五月末に行われたこのカンファレンスに集まった人は実に三千人を超え、当時人口が千人くらいだったオーロンの町はすっかりパンクしてホテルは満杯、スーパーの商品は不足し、いったい何が起こったのかとマスコミが取材にやって来たほどです。そして預言されていた通り、この五日間の集会ではスペクタクルな癒しも起こりました。しかし、実はこのカンファレンスの真の意義はそうした神癒現象や、圧倒されるほどの出席者数とは全然別のところにありました。「神が御自身を現わされるのを見たい」という出席者の飢え渇きと、会場に満ちる一致の思いという「奇跡」こそが、福音宣教における真のブレイクスルーだったのです。

カトリック教会との協働

このカンファレンスは、確かに主が開催されたものに間違いありませんでした。しかも、主の御思いは私たちをはるかに超えて高かったようです。というのは、何の事前情報もなかったのですが、実はカトリック教会の高位聖職者が二人カンファレンスに出席していて（カトリック方面にはカンファレンスの案内を送っていませんでした）、集会が終わるとジヨジアーヌのところに来て丁重にこう尋ねたのです。「奥様。私どもは謁見《えっけん》を請《こ》いたいと存じます。御夫君に数分割いていただくことは叶いますでしょうか」。そしてカトリック流のやり方が分からず適当に取り次いだ妻のおかげで、ふと気付くと私は突然、自分の前にひざまずく二人の高位聖職者の前に立たされていたのでした。茫然《ぼうぜん》と突っ立っている私に、ひざまずいたまま彼らは言いました。「私どももこの聖霊のほとばしりを頂戴し、私どもカトリックの諸教会の信仰復興のため祈りたいと存じます。私どものために、お祈りいただけましょうか?」

　正直に言いますが、私は動揺の中にも激しい「心の戦い」を感じました。これがバプテストやルター派、改革派、アドベンティスト、ブレザレンの指導者だったら惜しみなく祈ったでしょう。しかし、カトリック?　ほんの幼い頃から家族で耐えてきた苦しみが、一瞬の内によみがえりました。学校ではミサがあり、私はプロテスタントだからその間ドアの外で待っていたこと。クラスでは嫌がらせをされ、殴られ、フリプールでの父の働きも困難だったこと。集会所を持てないように妨害を受けたこと。教理の相違。すべてのリストが心に浮かび、そこには「批判の気持ち」「赦さない心」が多分に含まれていました。私は心の中で言いました。「主よ、カトリック教会で聖霊の働きがほとばしるようにと祈るのは、ちょっと私には無理です」。すると聖霊様は非常に厳しく、肉声で私を叱責されたのです。「ジョン=リュック。わたしがどこで働くべきか指図するとは、お前は何者か?」慌てた私は直ちにへりくだって聖霊様の命令に従い、二人の上に手を置き、自教会のために祈るが如く、聖霊様がカトリック教会で力をもって働かれ、それによってカトリック教会がよみがえるようにと祈ったのでした。

　祈りが終わると、彼らは今度は儀式ばらずに立ち上がり、ひょいと手を差し出したので私たちは握手しました。「トラクセルさん、契約を結びませんか。私たちはあなた方の持っていないものを持っており、逆もまた然りです。あなた方は主から特別の恵みをいただいておられ、福音を、神の力という証拠と共に鳴り響かせることができる、私たちはこの点であなたから学ばねばなりません。一方、あなた方にないものを私たちは持っています。つまり多くの大聖堂や教会堂です。それらは空っぽで、このメッセージを聞く聴衆で満たされるのを待っているのです。いつでも自由に会場として使っていただいて結構ですよ」。そして立派な鍵（マタ一六・一九）（権威の象徴）を渡されました。要するに、神の要求される「一致」は私が思っていたレベルをはるかに超えて高かったということなのですが、それまで「カトリックとの協働」という発想がなかった私は悩み、「愛する」ことはできても、教理や文化が相当に違うのは事実だから「一緒に働きをやっていく」のはさすがに無理ではないかとも思いました。AIMG委員会に諮《はか》ると、半数は「それは神がされたことですね、素晴らしいです」と賛成したものの、半数は「それは悪魔から来たものだ、絶対反対です」と反発して、せっかく軌道に乗ったばかりのAIMGを去ってしまい、私自身の親族まで半分に割れるという混乱ぶりでした。大きく羽ばたき始めたばかり、素晴らしい大会を実現したばかりのAIMGですが、さっそく危機に瀕《ひん》したのです。困り果ててボンケ師に相談すると、彼の答えはこうでした。「それは神様から出たことだよ！　**私たちが互いに愛し合う時にこそ、人々は私たちがキリストの弟子だと知る**（ヨハ一三・三五）んだよ！」

こうして、ＡＩＭＧはカトリック・正教・プロテスタントなどあらゆる教派を内包するエキュメニカル（教派間一致）国際神癒ミニストリーとなり、今日までその方針を貫いて活動してきました。今振り返ってみると、「一致しましょう」と言い合ったり呼びかけたりした私たちの活動や机上の理念よりも、この突然の出会いと、現実の動揺、葛藤、その中から出てきた「困難でもカトリックの人々と共にＡＩＭＧの活動をやっていくのだ」という思い切った決断こそが、「真の一致」の始まりだったのだと思います。それは神癒と福音宣教の世界的な流れという意味でも言えますし、私個人にとっても言えます。本当に、私の考え方を大きく正してくれた経験でした。それまでの私は無意識の内にどこかで「自分たち以外のキリスト教伝統は欠陥があるもので、自分たちのところに来て、欠けた部分を学んだら良い」というような考えを持っていたに違いないのです。何という思い上がり、何様だと思っていたのでしょうか！

多くの人は教会関係で傷ついた経験があります。心に刻まれたその傷は、聖霊様によって取り扱われない限り、「誰かへの批判」「神経質な論争」という形で悪い実を結び、それがまた新しく誰かに傷を与えることになります。私の場合も、いろいろと理屈は言えますが結局は「幼い頃からのネガティブな経験による傷」が心の中で大きな壁になっていたと思います。この悪循環を断ち切るため、私の子どもたちには「相手がどんな信念の持ち主であっても、とにかくすべての人をありのままで尊重すること（同じ意見を持つという意味ではなく）が何よりも大切だ」と徹底して教えてきましたし、現在私は、カトリックの司祭、ルター派の牧師や正教会の聖職者といった人々と共にクリスチャンの一致のために働き、福音を広めていますが、それは**私が幼い頃に受けた心の傷を主が癒してくださった**からなのです。人間はどうしても自分の立場や考えを最高と見なす高慢さがありますし、幼い頃に受けた傷が知らない間に自分を縛っていますから、心の癒しと悔い改めなしに真の一致、つまり真に「愛し合うこと」（ヨハネ一三・三五）に達することはできません。

真の一致には感情的な面だけでなく「協力し合って神の働きを進めていく」という実際的な面も含まれますが、これは決して「同じ意見を持つ」という意味ではなく「違う教理の人とも協力し合って働く」ということで、言い換えれば「自分の考えに賛成してくれない人と一緒に働く」ということです。未熟さ、高慢、恐れはその妨げになります（私自身の場合は、一致して働くことが比較的容易な環境にあると思います。というのも福音宣教においては、教理面の細かく深い議論を進めることではなく「イエス様の十字架を宣べ伝えること」に焦点があるわけですが、そもそも人間が本当に一致できるのは、イエス様の十字架の足もとにおいてだけですから）。教派間の相違点を前面に押し出し議論している時間があるなら、私は福音を伝えたいです。

　ところで、実は「教派間の違い」というのは「仕方なく我慢するだけの嫌なもの」ではなく、現実問題として難しい相違点は多々存在するのですが、それを対立ではなく「補完し合うもの」と捉える時、私たちの目に映る世界は一変します。他教派の兄弟たちのところにある宝の素晴らしさが分かり始めるからです。私は、聖書を神の言葉と見なしているカトリック、正教徒、またルター派やカルヴァン派など、自分とは異なる伝統に属する人々を愛すると決めました。**これは決して易しい道ではありません。しかし祝福の道であり、交わりも働きも常に広がっていくのを見ることができる道です。**正教の神秘性、カトリックの奇跡信仰、主流派プロテスタントの聖書への愛、福音派のダイナミズムなど、各々の伝統は他派に分ち合うべき富を持っています。私たちの御父の住まいには全員のための場所がある（ヨハネ一四・二）のです。今の時代は、神が御自分の一族を集合させておられる時ですから、クリスチャンは「全体で一つの神の家族」という意識を持つことにおいて成熟し、意見の違う相手とも一緒に働き、愛し合うことを学ばなければなりません。神をまったく知らず、キリスト教について悪いイメージを持っている人が多くいる今の時代こそ、主の呼びかけに応え、分裂の時代を終わらせて、一致の内に主を証する時だと信じます。

イエス様は「互いに愛し合うならば、それによってあなたがたがわたしの弟子であることを、皆が知るようになる」（ヨハ一三・三五）と言われましたが、塹壕《ざんごう》戦というものがなくなって一世紀も経つのに、クリスチャンの間ではどれほどそれが続いていることでしょう！　イエス様はもうすぐ戻って来られます（黙二二・二〇）から、いつまでも悠長《ゆうちょう》に言い争っているような余裕はありません。お互いから学び、共に伝道する中で励まし合うことが、絵空事ではなく現実にならなければなりません。各派の教理が過剰に気になる方は、こう自問してみていただきたいのです。「教会の歴史に刻まれたすべての争いや分裂は、果たして福音の普及に貢献しただろうか」と。もし、他のクリスチャンたちと自分の違いを目立たせることに固執し他を締め出そうとするなら、意図していなくても結果としては「人々を滅びから救い出すという主御自身の働きを鈍らせ、損害を与える」ことにならないでしょうか。

ちなみに、私の信仰上の親友はカトリックです。シャロン＝アン＝シャンパーニュのロシェという社会事業を行う在地のカトリック団体が企画した集会で、たまたま出番のなかった私が会衆席に座っていた時、隣に座っていたのがドミニコ会のレミ・シャパシェール神父でした。知り合ってみれば、私たちはカトリックとプロテスタントの「神秘家」同士で、信仰経験や天的話題において驚くほど似通っており、この新しい友情のゆえに喜びに満たされたのですが、そうしていると突然二人の間に極めて上質の芳香が立ち上ったのです（コスメ業界での経験を踏まえ、専門家として言うと、その芳香は描写不可能な、私が地上で嗅いだことのある最上の香りをはるかに超えた素晴らしい香りでした）。それはキリストの香り（二コリ二・一五）、詩篇の言う「かぐわしい油」（詩一三三・一～二）のようで、集会に出席していた人々は、その香りを不思議がって私たちのほうに殺到し始めたのでした。これは現実に起きた不思議な現象でしたが、ちょうどそれと同じように、様々な出身を持つクリスチャンたちが兄弟としての愛を経験するようになる時、そこから天の芳香、神御自身の香りがほとばしって、人々の心を抗いがたい魅力で惹きつけるのに違いないと私は思います。

エキュメニカルな宣教の広がり（四十二歳）～アヴィニョンにて～

このようにＡＩＭＧは初期から教派を超えた一致の中で、しかも神癒のしるしを伴って福音を告げ知らせる運動として導かれました。考えが違う相手との協働は、口で言うほど易しいことではありませんが、今ではそうしたやり方が世界中で増えてきています。ＡＩＭＧに繋がる二十世紀の歴史を振り返ると、アメリカで一九四七～一九五七年に「神癒」の分野において大きな聖霊様の働き「ヒーリング・リバイバル」が起こりましたが、それはエキュメニカルな次元には導かれませんでした。一方、一章でご紹介した通り、ヨーロッパで七十年代にプロテスタントのトーマス・ロバーツ牧師やカトリックのレオ＝ジョゼフ・スーネンス枢機卿といった人々によって押し進められたエキュメニカルな「カリスマ刷新運動」は「一致」と「伝道の刷新」において目覚ましいものをもたらし、諸教会をよみがえらせた後、定着し、文化となっていました（ちょうど、発泡性の錠剤が水に溶けて見えなくなっても有効性は変わらない、それと同じような感じです）。ただ、そこでは神癒などは特に見られませんでした。ＡＩＭＧ第一回大会はこのような環境の中で、つまり「一致を志向する文化はあるが奇跡はあまり知らない」という環境の中で開催され、ヨーロッパと全世界に「エキュメニカルかつ奇跡と聖霊体験を伴う」新鮮な宣教のムーブメントをもたらすきっかけとなったのです。

そういうわけで、今日に至るまで、AIMGの支部を作りたい人がいる場合に私たちが出す絶対条件は「教派を超えて一致して働くこと」です。それだけではなく「同列で働く」こと、つまりいずれかの運動が他の運動の上に権力を振るうことがないように注意しながら働く、これも絶対です。例として、比較的最近の話になりますが、アヴィニョン支部設立の経緯をお話ししたいと思います。ある時、ビジネスマン兼神学者の男性と法曹家の女性が、どちらだったか覚えていませんが片方の父君でガンを患っていた方を連れてアヴィニョンからオーロンへはるばるやって来て、父君が完全に癒されるという経験をしました。彼らは地元のアヴィニョンでもAIMG支部を立ち上げたいと希望し、活動を始めたのですが、私からの条件は「一致して働くこと、福音を明確に伝えること」で、「それさえ確かなら、喜んで説教しに行きましょう」と伝えてありました。準備期間を経て、二〇一三年一月、第一回アヴィニョン「奇跡と癒しの集会」が開催されたのですが、アヴィニョン支部は私たち本部の期待をはるかに超えてきました。なんと、アヴィニョン大司教カトノーズ猊下の全面的支援を取りつけてきたのです。私は集会の二日前に現地入りし、(五章のまぼろしの舞台、アヴィニョン橋を直に見て、細部まで同じであることを確認してから）カトノーズ猊下を訪問したのですが、こう彼に質問せずにいられませんでした。「ＡＩＭＧのような働きをご支援くださったのは、どういうわけでしょうか？」

「福音を告げ知らせないなら、わたしは不幸なのです！」（一コリ九・一六）

大司教の返答は、使徒パウロの言葉の引用だったのでした。

彼も参加した集会は、参加者がほとんど賛美歌を知らなかったため、とても静かな（やや消極的な）感じで始まったのですが、多くの人がその晩初めて福音を聞きました。特に印象深かった奇跡は、嗅覚を失った一人の出席者について特別に〈知識の言葉〉が与えられ、その人のために祈った後でオレンジを差し出して「匂いが分かりますか」と確認すると、完全に嗅覚が回復していたという、とても嬉しい癒しでした。続いて、希望者が個人的にイエス様を受け入れるように導きました。集まっていた人の大部分が悔い改めを示してへりくだり、神の前にひざまずくと、私が祈り終わるよりも早く、一つの息吹が集会全体を走り抜け、人々は異言を語り始めました*。使徒言行録が再現されたのです。

*使二・一〜四参照

働き人の育成

この集会は本当に感動的でしたが、主はこのような集会をもっと増やすようにと語られました。もちろん私一人では何もできず、働き人を育てて、神癒というこの素晴らしい「宣教の道具」を委ねていくたびに、こうした集会を増やしていくことができ、福音宣教の働きが広がっていくのです。ＡＩＭＧは早い時期（二〇〇四年）から神癒学校（情報提供とトレーニングのためのセンターで、二十四時間祈りのホットラインを備えています）も始めていました。最初は「毎月一回、まる一日の講義、その夜に癒しの集会」という形で、まず二百四十名が集まりました。意外に人数が多いと思われるかもしれませんが、学んだ全員が神癒の働きに専念したり大きな集会の講師になるわけではありません。軍隊というものが士官だけでは戦えないのと同様、キリストの教会も聖職者やフルタイムのスタッフだけが働くのでは正常に機能することはできず、日常の中でイエス様を証しし、病気の人のために祈る多数のクリスチャンが必要なのです。その後、オーロン以外の地域でも同種の学校を開設し、今では何千人もが神癒を実践できるようになりました。奇跡と癒しの集会は、本拠地オーロンでは毎月開かれる定期集会になり、他の多くの地域でもそうなっていきました（二十ほどあります）。パートナーである他の神癒運動が組織する大会もフランス全土に存在します。パリ、リール、トゥール、ナント、ポンティヴィー（ブルターニュ）、それだけではなくシャンパーニュ、アルザス、現在ではドイツやオランダにもあります。これらの集会には、「自分の個人的な選択としてイエス様を受け入れた経験」がなく、宗教教育も少し受けたことがあるか全然ないかといった人々が、癒しを求めて大勢集まってくることも注目すべき点です。聴衆の半分がそういう人々である場合もあります。

二〇〇五年には、西方教会（カトリックとプロテスタント）から東方教会（正教）まですべてを繋ぐことを主旨とする「エキュメニカル神癒ミニストリー国際大会」も始まりました。こちらも最初から何千人もの参加者があり、オーロン教会の礼拝場では狭すぎたのでローザンヌが会場になっています。

こうした神癒の広がりと相互交流の進展に圧倒され忙殺された私たちは、イエス様の台詞を言うまでになりました。「収穫は多いが、働き手が少ない。だから、収穫のために働き手を送ってくださるように、収穫の主に願いなさい」（マタ九・三七～三八）。こうして、私の三十歳の精神的危機から始まったＡＩＭＧは、今も全教派の神癒ミニスターを繋ぎながら成長し続けています。オーロン教会とレマン師が私を受け入れ、それだけではなく信頼し、長い目で見てくれたおかげで、気がつけば今度は私が、自分がしてもらったのと同じように、他の働き人たちの益を図り、育て励ます立場になっていたのです。

娘の病気（三十二歳）

まったく話が変わりますが、このAIMG立ち上げ（しかも、ビジネスでも起業中）の全期間を通じて我が家が経験した、家族としての大きな試練についてお話ししたいと思います。人生とはこのようにいろいろなことが並行して進んでいくもので、大小含めて様々なことがありますが、主にあって通り抜けていくことができるという証言としてお読みください。

二〇〇一年に生まれた末娘アメリーヌは、暗い日々を通り抜けたばかりの我が家に大きな喜びの息吹をもたらしてくれ、性格も大らかでしたから育児も容易だったのですが、この子が歩き始めるや否や、重大な病気が見つかりました。ある日突然、リビングで動かなくなっている娘を見つけたのが最初です。看護師である妻が、飛びついて状態を調べたところ心肺機能が停止しており、すでに皮膚は灰色で、必死に蘇生法を行いましたが駄目でした。私は幼い娘を腕に抱き、この大騒ぎでリビングに集まってきた子どもたちも一緒に家族全員がリビングで泣き叫びました。「アメリーヌ、帰ってきて！」するとその時、私の霊の目が開け、アメリーヌの魂が部屋の天井あたりの高さを漂っているのが見えたのです。逝かせてなるものか、と私は彼女の魂に呼びかけ、「イエスの御名によって、去ることを禁じる。体に戻りなさい！」と命じると、彼女は体に戻り、再び呼吸が始まりました。そうです、主が私たちに彼女をもう一度与えてくださったのでした。

一時間近く心肺機能が停止していたと思われるこのようなケースでは、重大な後遺症が残るのが当然でしたが、彼女には何の後遺症も残りませんでした。それ自体が素晴らしい奇跡なのですが、ただ、この心肺機能停止問題は繰り返され、メカニズム（転んだりして頭をぶつけると、呼吸と心臓が止まる）も判明しました。何か月かの間に同じことが何度も何度も起こりました。例えばジャマイカに行った時も、十二時間ものフライトの後ですから小さな末っ子は大喜びで足を踏み出し、何歩も歩かない内によろけて頭を打ち、たったそれだけのことで、また心臓が止まるのです。いつも同じで、そのたびに私たちは祈り、応急処置を尽くし、再び心臓が動かないかと何分も何分も、何も手に着かない状態で待つのでした。医者たちは娘をあらゆる角度から徹底的に調べましたが、結論は「説明も治癒も不能の稀《き》病」ということでした。ですから、私たちは結局ＡＩＭＧ立ち上げの全期間を「末娘を失うのではないか」という絶えざる不安の中で過ごしていたことになります。

四章でも言いましたが、こうした問題の「霊的な原因」を詮索《せんさく》することは、ほとんど意味がありません。ただ、もし神に反逆した悪魔の攻撃だったと考えるなら（そして、この場合はそれ以外に考えられないと私自身は思っていますが）、福音宣教の大きな助けとなる神癒をあちらこちらで一般信徒が行えるようにしようとしているＡＩＭＧの活動を恐れた悪魔が、最大の弱み「我が子」を攻撃することで「ＡＩＭＧさえ諦めればこの子は助かるのでは？」と思わせ、ＡＩＭＧの動きを減速させ、空中分解させようとしていた、ということなのでしょう。実際ある晩、その「攻撃」がピークに達したのですが、それはいかにも悪魔らしい無秩序と狂騒に満ち、（悲劇を通り越して）もはや喜劇のような一夜でした。いつものように心肺機能停止に陥り、いつもなら四、五分で息を吹き返すところが六分、八分と時間が過ぎ、救急車も来ないまま、娘の顔色は完全にスレートのような灰色で、そこへ（ドタバタ騒いだせいでしょう）なんと警察が来てしまい、家の中にずかずか入って来て娘を見るや、直ちに物々しく取り調べを始めたのです。住み込みの手伝いの女性に「赤ちゃんを風呂で溺れさせたんじゃないの？」「何かしら酷いことをしたんじゃないの？」などと尋問したため、彼女は気絶してしまいました。どんどん大きくなる一方のヒステリックな騒々しさを後にして、私は、救急車が来たら誘導できるようにと表通りに走り出ました。まだ救急車が来ないまま九分が過ぎ、十分が過ぎ、「今やこれまで」と思ったその時、ついに救急車が到着し、娘を急いで救急車に乗せている最中、娘の心肺機能は復活し、こうしてこの夜の大騒動もついに幕引きとなったのでした。

治癒神

こうした日常生活が、どれほど私たちにとって精神的消耗の大きなものであったか、容易にご想像いただけると思います。そんな中、アメリーヌが一歳半になった頃ですが、医者でＡＩＭＧメンバーでもある私の義兄が、家族の祝いの席で心肺機能停止を起こす娘や毎度のごとくパニックになる私たちを初めて直接見たことで、事態は解決に向けて進み始めました。彼は権威をもって言いました。

「ジョン＝リュック。ジョジアーヌ。こんなこと、これ以上続けられないよ。神様に対する君たちの信仰を、僕がどれほど買っているかは分かってもらえるだろう。アメリーヌにはすでに多くの奇跡が起こってきた。毎回、植物状態になっていたはずなんだ。これ以上、主の〈慈しみ〉に負担をかけるべきではない。州立病院の心臓科に話をしておいたよ。特別に、教授が診てくれるそうだ」

感謝なことに、この教授のおかげで「非常反応式ペースメーカー」（心臓が止まれば直ちに機械が電気刺激を送り、再始動を促す仕組み）を装着するという解決策が見つかりました。そして、実はその手術の日に、私は神癒ミニスターとしての自分のあり方を根本的に決定づける経験をしたのです。

娘の手術の日、私は小児科の集中治療処置病棟に入り、その命が細い糸一本で繋がっている多くの子どもたちを見ることになりました。木靴で頭を殴られた女児が死のうとしていました。チューブの刺さった男児も死のうとしていました。そんな中にたった一歳半の私の「おチビさん」もいて、胸部の包帯の隙間からチューブが何本も出ていました。〈同情〉の賜物を与えられている私が、それらすべてを見たのです。その時、深い怒りが私を捉えました。これらの無垢な幼児たちを苦しめる災いに対する怒りはもちろんのこと、クリスチャンでありながら、神がこのことに何らかの責任を負っているというような考えを持ち、あまつさえ教会の中でそう教えるような人々に対する怒りでした（しかも私自身、反論しないことでそれを認めていたに等しいのです！）しかし、この小児科集中治療処置病棟の無残な情景を見て、なおそんな考えを持つことができる者がいるでしょうか？　激しい感情に呑み込まれた私は別室に行き、悔い改めの涙をもって「神様、お赦しください！」と叫ばずにはいられませんでした。

「病は神からの贈り物」「何かを学ばせるために神は病を与える」「癒しを求めるのは神に失礼」といった内容のことを教えたり、ほのめかす聖職者がいますが、それは愚かな考えだと私は信じます。もしそれが本当なら、病院の治療も受けてはならないことになるでしょう。無垢な幼児に病気を与えているのは、神ではなく悪魔です。霊の世界には厳密な秩序とルールがあって、確かに神は全能であり、何でもおできになりますが、無軌道に何でもはなさらないため（マタ一八・一八、ヨハ五・一二）、**悪魔のそそのかしと人間の選択によって、この世界には神の御心を痛める病と死が入ってしまいました**。その問題を、秩序とルールに則って正式に解決するために、神は十字架という巨大な犠牲を用意なさらなければならなかったのです。秩序やルールとは、そういうものです。神は決して、私たちが病気になって喜ぶような御方ではありません。小さい子どもが近くにいる時に「コンロに触ってはいけないことを実地で学ばせよう」と言って火のついたコンロから目を離す父親（そんな父親は滅多にいませんが）とは違うのです。この点についての曖昧さは、この日を境に私の心から一掃されました。私はこの日、神が人間の病を悲しまれる〈治癒神〉（出一五・二六）であられることを全世界に告げ知らせることを誓い、分からないこと、疑問に感じることは確かに私にも多くありますが、議論は脇に置いて、**忠実に、単純に、病人のために祈り続ける**ことを主に約束しました。

このように娘の手術は、私にとっても神癒ミニスターとして根本的な確信を得る機会となりましたが、手術そのものも無事に成功し、非常反応式ペースメーカーが完璧な解決策であったことも証明されました。なぜならアメリーヌは（当然ながら）すぐに転んだからですが、その時、ドキドキしながら見つめる私たちの前で、彼女は「顔をしかめて起き上がった」のです！　その時の喜びと安心は、言葉では言い表せません。こうして、「常に不安でたまらない」という生活が続いていた私たち一家は、ついにその状態から解放されたのでした。

その後も機械の調子を見るため定期的に通院し、十歳まで通常の成長を遂げることができたものの、十歳の時に問題が起こりました。検査中にサイレンが鳴り、娘の枕元で急に医者たちが慌ただしく動き始めたのです（それは病院で経験したい親は誰もいないような出来事です）。彼らは応援を要請し、専門医らが駆けつけたので私は割って入り「いったい、何が起こってるんですか」と尋ねました。一人の医者がきっぱり言うには「心配いりません、お父さん。すべて上手く行くでしょう」。そんなことを言われても、突然こんなに白衣が集まって、問題があるのは目に見えています。ついに一人が告白しました。「ペースメーカーが機能していないんです」

ところが、機械の記録を調べるとそれ以上のことが分かりました。実のところ、機械はもう数週間前から止まっていた、つまりアメリーヌは機械のサポートなしに生きていたのです。そうすると、新しいペースメーカーを入れるべきなのか、入れるべきでないのか？いずれにしても古い物は取り除きます。教授は私たちに任せると言ったので、家族全員で祈り、「ペースメーカーは止まるべき時が来たので止まったのだ。必要な期間、アメリーヌの体を見張っていてくれたが、もうペースメーカーに見張ってもらい、助けてもらわなくても大丈夫だ」という確信と平安を得ました。私たちはその決断を主の御手に委ね、医療チームに伝えたのですが、今この文章を書いているのはペースメーカーを取り出すために娘を大学病院に連れて行った日からちょうど四年後の同じ日です。あれ以来、一度も問題は起こっていません。

三十歳の時、精神的危機から自分の人生はもう終わったと思いました。三十一歳の頃は、際限なく続く娘の心肺機能停止のために何度も「もうこれで娘を失った」と思いました。他にも、三十代の前半はＡＩＭＧの立ち上げや起業に伴って、同時進行で数々の困難に直面しました。ビジネスやミニストリーを諦める理由やタイミングは、いくらでもあったと思います。その中で、何か特別な「霊的な」解決策を持っていたわけではありませんが、ただ、私は止めなかったのです。神をどこまでも信じ、単純であることに徹し、ただ目の前の仕事をやり続けました。そしてふと気付けば、どうやら私は無事にトンネルを通り抜けたらしく、娘も元気に成長し、ＡＩＭＧも会社も祝福されていたのでした。

第七章　奇跡と共に生きる人生

見えない世界は本当に存在する

この章では、今までお話ししてきた奇跡その他の超自然的現象＊について、超自然的現象とは何なのか、なぜ起こるのか、どのように起こるのか、それに携わる働き人に求められる姿勢は何か、といったことにまで踏み込んで考えてみたいと思います。私自身は神癒の分野で働いているため、どうしても神癒の話題が中心になりますが、神癒以外の働きにおいて主にお仕えする場合も、基本的な部分は同じだと思います。

＊本章に繰り返し出てくる「自然」「超自然」という用語について、「自然」とは自然科学によって探求し証明できる範囲の現象などを、「超自然」とは自然を超えた領域を意味する。

前提として知っておかなければならないことは、私たち人間は物質の世界に生きていますが、それは**見えない世界に囲まれている**ということです。見えない世界は正真正銘の「現実」であり、それどころか、見える世界以上に重厚濃密な世界なのです。なぜなら神は〈天〉つまり見えない霊の世界と〈地〉つまり目に見える世界とを、この順番で創造されたからです（創一・一）。西洋では、根深い唯物論を刻印された人間主義《ヒューマニズム》教育が、私たちの考え方の中に強力な防壁を作って霊的・超自然的次元を隠蔽しようとしましたが、押さえ付けられた現実の生き物がすべてそうであるように、それは別の形で、より強くなって跳ね返ってきました。フランスやスイスのような理性主義の国に蔓延《まんえん》する迷信や偶像崇拝がそれです*。

*例えば以下のような調査（フランス語）がある。
https://www.ifop.com/publication/etude-sur-les-croyances-irrationnelles-et-les-superstitions-aux-etats-unis-et-en-france/

私たちが、五章でお話しした〈新生〉という素晴らしい経験をする時、神の恵みが私たちの魂に新しい命を与えますが、それによって私たちは、自分が霊の世界に取り囲まれて生きていること、その奥行き、日々の現実に対するその決定力に気付きます。気付くことによってこの新しい次元に入って行き、見えない霊の世界を、つまり〈天〉を、目に見える世界と同じようにリアルに意識することができるようになるわけですが、それはクリスチャンとしてごく普通の状態です*。超自然とは、一風変わった、神秘家的傾向のある、一部のクリスチャンだけのものではありません。超自然は神の御性質です。この自然界を支配するよう神御自身が決められた自然法則というものがありますが、超自然的現象すなわち**奇跡とは、そうした自然法則を超越して現される神の御力であり、神が統治者であられることの署名**のようなものなのです。創世記から黙示録まで、神が御自身を示されるのは多くの場合「奇跡によって」であったことからも、それは分かります。例えば、以下のような奇跡があります。油やパンや魚の増加（王上一七・八〜一六、マタ一四・一五〜二一）。川の水が血に変わる（出七・一四〜二四）、カナの婚宴できよめの水がワインに変わる（ヨハ二・一〜一一）など、変化の奇跡。預言者エゼキエル（エゼ八・三）と執事フィリポ（使八・三九）が経験した遠隔移動。ヨシュアが戦い続けるために軌道上で停止した太陽（ヨシュ一〇・一二〜一四）、イエス様によってぴたりと止まったガリラヤ湖の嵐（マコ四・三五〜四一）など気象や宇宙の奇跡。天使の大軍の出現（ルカ二・一三）。イエス様に至る預言者たちと弟子や使徒たちが行った神癒などです。

＊霊的な世界との関わりについて、著者はあくまでも〈新生〉によって与えられる「全宇宙の支配者である神の御子イエス・キリストの保護」の下で「聖書に基き法則《ロゴス》的根拠をもって」歩むことを想定しているのであって、今日しばしば見られるような、未知の広大な海に手漕ぎの小舟で乗り出すのに似た自己流の「霊力」やイエス・キリスト以外の諸霊の力によって行うチャネリングなどはまったく想定していない。

四十代の現在、日常生活の中で私にとって周囲の世界がどのように見えているかと言いますと、長年、霊の目で周囲を見てきた私の知覚にとって、〈天〉の現実はあまりにも具体的でくっきりと見え、ほとんど手で触《さわ》れるかのように「目の前にあるもの」になってきました（霊における知覚であって身体的知覚ではないのですが、私の霊の目にはそれがくっきりと見えるのです）。そのため、私はそれを〈物質《サブスタンス》〉と考えています。**超自然と自然の接続点に存在しているこれらの〈物質〉はいろいろな形で「現実化」し、肉眼で見えるものになります**。例えば、一度もきちんと発達したことのない骨を作り直し（治療的な通常の奇跡に対して、なかった物が急に出現することから「創造的奇跡《クリエイティブミラクル》」と呼ばれます）、もはや口を利くこともなくなっていた夫婦を和解させ、神の民を聖霊の喜びで満たし、必要な物品を大量に増やしてくれたりするのです。黙示録五・八に、天において私たちの祈りが香《こう》であると書かれているのは、隠喩ではありません。肉眼では見ることのできない超自然の世界は、目に見える自然の世界の現実よりも、むしろずっと中身の詰まった確かなものです。私は祈りの中で、何度か天に上げられる経験（二コリ一二・二～四）をした時に、そのことを確認しました。

天に帰って、再び主に直接お会いするその日まで、この地上で、地に足をつけて、実業家としてスーツに身を包みながら、同時に天の空気に満たされていたい。四十代の今、それが私の願いです。超自然の〈物質〉を地上の現実の中で日々経験したいのです。天の空気は、宗教儀式や食物規程の中ではなく、日常の中での、聖霊による義と平和と喜びの体験の中にあります（ロマ一四・一七）。そのような天の空気の中で生きる時、そこで活動する天使たちに気付くこともあるでしょう。聖書にある通り、天使は私たちを見守り、助けに来るからです（ヘブ一・一四）。

天使の助け ～ブリュッセルにて～

私は何度も天使と会ったことがありますが、ある時ブリュッセルでこんな経験をしました。数日続いたカンファレンスの最終日、集会が終わりに近づく中で午後も押し迫り、私は飛行機に乗るために出発しなければならないのに、会場にはまだ多くの必要を抱えた群衆がいました。スイス人の私は時間が気になるほうで、時間が飛ぶように進むのを感じましたし、友人たちも「ジョン＝リュック、行かないと駄目だ。飛行機が出てしまうぞ」と急かしましたが、あと一人だけ、もう一人だけと病人のために祈り続けて、結局大幅に遅れて出発した私が空港の搭乗手続きカウンターに着いた時、もうそこは無人でした。近くにいた係員からの情報では、搭乗手続きなどはすべて締め切られ、間もなく飛行機が飛び立つとのことで、間に合わなかった私は、週末一杯の奉仕で疲れ果てていたこともあり「何でもいいから、何が何でも妻と子どもたちに会いたかったのに……」と体から力が抜け、へなへなとその場に崩れてしまいました。「今から新しく明日のフライトの切符を買い、ホテルを探し、タクシーを頼み、またもや家族から遠く離れたところで寂しく一晩過ごすための手配をしなければならないのか……」私の心から叫びが上がりました。「主よ、どうにかして助けてください！」主を責めるようなことはしませんでした。それは私の失敗です。私が時間を守らなかったから。そうなのですが、「酷いんじゃないか」という思いも少しはありました。主のためにやったのですから……。

するとその時、その係員が「ちょっとお待ちください」と言って、短い電話をかけ始め、数分の内に一人の出入国管理官がやって来てこう言ったのです。「トラクセルさん、ついて来てください」。私は大きなスーツケース、トロリー、アタッシェケースを持って、彼について行きました。手荷物検査場に来ると、彼は私に脇の小さなスタッフ用入口を示し、そこを通らせました。係員全員が立ち上がって、こちらに来ようとしたのですが、彼は手を挙げて「いいから、いいから！」と答えながら、そのまま進み続けました。当時はまだ出国審査があり、そこでは税関職員らが私たちを制止しようとしたのですが、彼はまたもや、職員らに手を挙げて彼らを押し止め、進み続けたのです。そうやってすべての関門を突破し、今や私たちは、職員らの注目を浴びながら大荷物を持って走っていました。ついに私はタラップになだれ込み、飛行機の中に入りました。まさに今飛行機のドアが閉まるという瞬間でした。とっさに振り向いてお礼を言おうとしましたが、あらゆる関門を突破させてくれたその管理官の姿は、忽然《こつぜん》と消えていたのです。「あれ？　どうしたのかな？」と考える時間はありませんでした。機内乗務員が私の後ろからきつい口調で尋ねてきたからです。

「こんなたくさんの荷物を持って、いったいあなたは、なぜ、この飛行機の中にいるんです？」

「いえ、その。なぜでしょう……連れて来ていただいたんですが」

「馬鹿にしてるんですか？　そんなこと、あり得ません！」

そう、あり得ません。どうやら私は奇跡を見たのでした。

こんなふうに、天使が助けてくれる場合があります。こうした場合、私たちは奇跡の出演者でありながら、気分としては観客で、ただ驚くばかりですが、「主と二人三脚で歩む」「天の助けを経験しつつ、超自然の中を歩む」とは、このように日常的で具体的な意味なのです。今の事例では、神から求められたことを、私が人間としての自分の限界の中でやり遂げた時、私にはできない残りの部分は、主がしてくださったのだと言えるでしょう*。

＊天使が援助者として現れるという事例は聖書中に多くあるが、例えば使一二・七〜一〇を参照。

日常を主と二人三脚で

こうした歩みの中で注意するべきこととして、超自然というものを、自然からかけ離れたもののように捉えないことが大切です。超自然は、人間がコツコツ努力し責任をもって生きていくことに代わる魔法や手品ではありません。聖霊様の働きを重んじるクリスチャンの中には、時に常識的な判断ができない、現実から浮き上がってしまったような人たちもいますが、彼らが祈りの中で求め期待しているのは、真の信仰によってしているのではなく、形を変えた現実逃避であったり、勝手に空想した未来に過ぎず、それは実現しません。自分が「この目に見える現実の世界と和解できているか」をまずは吟味し、その後に神の超自然の領域へと足を踏み入れるべきだと思います。日々の現実の中をしっかり生きていくということについて考える時、〈霊の人〉（一コリ三・一）であったパウロが新約聖書の諸教会に与えた指示の中で、道徳的側面が大きな比重を占めているという事実は印象深いものです。まずは家庭内で、また対人関係の中で、信者たちが非の打ちどころのない行動をすることに彼は大いにこだわりました。信者の素行が良くないせいで、福音を反射的に拒否する人が出ないようにしたかったのでしょう。私たちは、日常生活に生かされた健全な信仰の持ち主になるべきだと強く思わされます。

クリスチャンは社会から浮き上がった存在であってはいけません。「神様から特別な召しをいただいていると感じる、知っている」と言う若いクリスチャンたちに勧めます。地に足を着けなさい、すなわち働きなさい。上司を持ち、スケジュールに縛られ、到達目標があり、社会人として重いプレッシャーを経験することを勧めたいと思います。そうした経験なしに教会スタッフなどになってしまうと、朝から晩までもう十分働いている信徒たちに対して、非現実的な期待を持ってしまうことにもなりかねません。私自身、できるだけ兼業聖職者として仕事を続けたいと思っているのは、そういう意味で、現実の中に足を着けていたいからという部分もあります*。

*著者は本書執筆の五年後、五十歳の時に専業伝道者に転じた。

神に飢え渇く時、私たちは教会の中だけでなく、日常生活の中に働かれる神を見たいと願うようになります。私は主が好きです。主に喜んでいただきたいと願っています。日々、平日も、私は自分自身でありたい、つまりジョン＝リュック・トラクセル、キリストの証人、神の子ども、夫であり父親、会社の共同経営者、ミニストリーの共同責任者、福音説教者でありたいのです。どの役割においても、主が望まれる時に、望まれるままに私を通して働いていただきたいと願っています。これが私が天の領域を自然に生き、日常を超自然的に生きる方法なのですが、天国（神の国・御国）の実現（ルカ一一・二〇）を見たいと言っても、それを自分の力でとか、自分が主導権を取って生じさせようといったプレッシャーは全然ありません。聖霊様と共に歩む中で、スーパーのレジ係に温かい励ましの言葉をかけることや、チップで生計を立てているウェイターに気前よくチップを渡すことを通して、神の国は日々現れます。また時には〈知識の言葉〉が、俗世間の真っただ中で与えられることを通して現れるかも知れません。実際、ある時レストランで食事をしているとウェイターへの〈知識の言葉〉が与えられたことがあります。知らない人で一杯のガヤガヤした俗世間の真っ只中で、知らない人（しかも仕事中）に声をかけて祈らせてもらう？　これは非常に困難なシチュエーションです！　しかし、主は私たちが従順である時に働かれます。知恵と配慮は必要ですが、従順に行動するなら、後は主が御自身で奇跡を行われるのです。

　それと、忘れてはならないのは、神は憐れみに満ちておられるけれども、**責任をもって証明なさるのは御自身の言葉だけであって、私たちの勝手な発言とか空想、人々の「必要」に対して責任を負われるわけではない**という事実です。もちろん人間側からの働きかけに応答してくださいますが、それはたいてい信仰——どれほど小さな信仰であっても——への応答です（マタ九・二一）。何度かお話ししてきましたが、信仰と勝手な空想は（一見似ていますが）違います。こうした区別ができるようになるためにも、主との個人的関係を深めていく必要があります。聖書を学ぶこと、断食と祈りも非常に有益ですが、「これぐらいの日数断食したらこうなる、何時間祈ったらこうなる」といった法則性はないことを知らなければなりません。また、それらによって何かの資格を得られたと思うなら何かを履き違えています。**従順は生贄にまさる**のです（サム上一五・二二）。そして、**神の恵みが私たちを常にはるかに大きく超えていく**のです。

神の力を重視して奉仕する

以上のことを前提として、次に、私が今日まで携わってきた神癒ミニストリーの実際面についてお話ししたいと思います。奇跡は福音を見世物にするためにあるのではなく、スーパーヒーローの映画や物語のような空想の世界に人々を導くためにあるのでもありませんが、「超自然的現象への興味」は今日の文化において主要な部分を占める要素ですから、教会はそのチャレンジを受けて立ち、超自然的な神の力を人々に示すべきです。またクリスチャンにとっても、超自然的体験は「自分の信仰の土台を（聖書にあると称しつつ実際は）人間的な知恵や論理に置いていないか」を問いかけてくれるでしょう。初期のキリスト教徒の中でも傑出《けっしゅつ》した聖書知識の持ち主であった使徒パウロは「奇跡による伝道」を重視していました。彼はコリントにおける自分の宣教活動が、優れた言葉や知恵ではなく聖霊と力の証明によるものであったことを指摘し「それは、あなたがたが人の知恵によってではなく、神の力によって信じるようになるためでした」と語っています（一コリ二・一～五）。

　ですから私は（もちろん説教に招かれれば準備をしますし、スピーチの授業や説教学も履修しましたが）「名説教をしよう」とか、スピーチのスキルに重きを置こうとは思っていません。というのは、出席者の人生が神に触れられ、変えられるという結果を生むのは、見事な神学議論や感動的な説教ではないからです。「上手に話せば、真理を話せば聴衆が神に出会う」とはならないのが現実であり、私はむしろ集会の中に、パウロも言う神の力の現れ（神癒その他の奇跡）を期待します。そして（三章・五章でお話ししたように）**神が奇跡を行われる「根拠」は御自身の言葉と〈慈しみ〉であってそれ以外ではありません**から、私が集会の準備をする時に是非受け取りたいと願うのは、その集会で神が癒したいと願っておられる病気についての具体的な〈知識の言葉〉なのです。従って、集会に対する私の「備え」は何よりもまず「神の前に出て祈ること」で、登壇前の一時間、時には何時間も一人になってその集会に「人の知恵」ではなく奇跡を伴う「神の力」が現れることを求め、祈りの中で手応えをつかむまで祈ります（毎回決まったやり方とか、形式的なことはしません。この祈りは、主と私の日常の個人的関係、恵みに満ちた交わりの一部に過ぎず、集会だから特別に「霊的」になろう、といったものではないからです）。

一人で静まるこの時間の中、私の天のお父様は、その集会に対する御自身の意図を、通常は事前に知らせてくださいます。「まことに、主なる神はその定められたことを僕なる預言者に示さずには何事もなされない」（アモ三・七）と書かれている通りです*。たいていの集会は夜に行われるのですが、午後には早くもその集会に関連して多くの〈知識の言葉〉が与えられるのが普通です。以前は与えられた内容を紙にメモしたものですが、現在では携帯に音声入力しています（説教中に私がスマホを見るので「あれは仲間が観客席でこっそり個人情報を集めて送っているのだ」と主張する人たちもいましたが、どう言われようと私は気にしません）。霊の中で、ナンバープレートの数字、誕生日、病気、人間などが見えることがあります。こんな色の服を着ている人だとか。

*聖書の中で「預言者」（「予言者」ではない）とは預言の働きに携わる者だけを指す言葉ではなく、

神との個人的な交わりの中を歩む信仰者を指して用いられることがある（創二〇・七、一八・一七）。類似の名称として「僕」がある（民一二・七、ヨブ四二・七～八）。

しかし、こうした**〈知識の言葉〉だけで自動的に神癒が起こるわけではありません**。何の病気か言い当てるだけで解決してあげられないとしたら最悪で、〈知識の言葉〉は、実際の神癒という別の超自然的働きと結び付かなければならないのです。聖霊様は癒しを行うために、聖霊様から与えられた言葉を私が集会の中で宣言する（スイッチを入れる）のを待っておられ、私が癒しを宣言するのに合わせて御自身を表されます。ですから実際の流れとしては、〈知識の言葉〉を語り、その直後に神癒の賜物を用いる、という形になります。しばしば霊的な妨げも見られがちな集会の中で、どのような雰囲気や状況になったとしても、揺るぐことなく聖霊様への敏感さを保ち、その御意思に直ちに従っていく姿勢を保ち続ける必要があるため、これは簡単な働きではありません。言うまでもありませんが、祈りながら心を込めて用意した説教を中途半端に放棄することになる場合も少なからずあります（後ほどご紹介するイスラエルでのエピソードが示すように、主は即時の徹底的な従順を求める御方なのです）。

ところで、パウロはコリントで奇跡という「証明」をもって宣教を行った時の自分自身の状態について「衰弱していて、恐れに取りつかれ、ひどく不安でした」（一コリ二・三）と書いています。私も同じで、しばしば自分自身が病気であったり落ち込んだり、心配事に捉われている中で説教しなければならないという経験をしてきました。その経験から言えることは、**目覚ましい奇跡はしばしば自分が弱って何もできない状態の時に起こる**もので、それによって神の僕の力ではなく、ただ神御自身の力が明らかに現わされる、ということです。「わたしの肉もわたしの心も朽ちるであろうが／神はとこしえにわたしの心の岩／わたしに与えられた分」（詩七三・二六）という告白はあらゆる神癒ミニスターの実感ではないかと思いますが、この点をさらに明確に理解していただくため、私が三十代前半の頃にパキスタンで経験した人間としての自分の限界、その只中で現わされた神の御業について、今からお話ししたいと思います。

弱い時に奇跡が起こる（三十三歳／三十四歳）～パキスタンにて（前編）～

五章でお話ししたＡＩＭＧの第一回カンファレンスから一年後の二〇〇四年、パキスタンから招待を受け、(それまで受けた招待はいつも都合で辞退していたのですが)今回は聖霊様が「行きなさい」と言っておられると私も他のＡＩＭＧメンバーも感じたため、先方に承諾の返事をしました。しばらく後、祈りの中で主からこの活動を「簡素に」始めるよう指示されたのですが、私はこの言葉に細心の注意を払いました。というのは、自分の好みと逆だったからです(自分の召命の関係もあり、正直に言えば私は大群衆が好きで、集まりが大きいほど嬉しく感じるのです)。私はパキスタンの準備委員会に手紙を書き、主から受け取った内容を伝えましたが、返答は「それは不可能です」というものでした。彼らはすでにカラチの国立競技場を借りており、何万人もの参加者を見込んでいたからです。神からの語りかけに対して誤魔化しはできないので、「交渉の余地はないのです」と彼らに答えなければなりませんでした。「もし国立競技場での開催にこだわるなら、私は行けません。スイスに留まるか別の場所で説教します」。彼らは困りましたが、最終的にはこの条件を受け入れてくれたので、ほどなく私はカラチに行くことができました。レマン師ともう一人の同労者が一緒で、数日間の伝道と牧師のための集まりが行われる予定になっていました。

ところで、私はこの旅行に当たって大きなストレスを感じ、神経質な状態になっていました。原因としては第一に、強引に国立競技場の予約を取り消させた(そうすべきだという確信があったからですが）ことにまつわる気まずい感情がありました。第二に、この集会に対して複数のテロが予告されたという情報や、伝道者らが来たのをタリバンが警戒しているという情報、その結果として、現地での移動はすべて軍による保護監視付きという緊迫感がありました。第三に、個人的なことですが、自分の会社で大きな問題が立て続けに起こっており、妻に一人で対応させているのが嫌でした。気持ちは一緒にいるのですが、家から五千キロも離れていては何もできません。それでもとにかく私たちは出発しました。ほとんど空っぽの飛行機でカラチに着陸すると、パキスタンの牧師たちがあふれんばかりの花々をもって暖かく迎えてくださり、少しほっとしたのを覚えています。

車の中でたくさんの質問をしました。彼らは自分たちの経験を分かち合えることを喜び「以前は多くの伝道者があちこちのスタジアムで大集会を催し、八万人を集めたこともあったが、九・一一（二〇〇一年九月十一日にアメリカで起こったイスラム過激派によるテロ）以後は、西洋からの説教者はほとんどいなくなった」と語ってくれました。信教の自由についての困難に、日常どのように対処していますかと尋ねたところ、「パキスタン政府はキリスト教徒や他の宗教的少数者に対して一定の自由を与えている。基本的に、政府が目を光らせているのはイスラム過激派の暴力のほうだ。冒涜罪として明確に禁じられているのは「アッラーに反対して語る」ことであって「キリスト教を説くこと」そのものでではない。ただ、この法は適用において常に十分明確とは言えず、キリスト教を説くことに危険がないわけではない。そして、この法に違反したと見なされた場合の刑罰は極端に厳しい」という答えでした。パキスタン人は福音に対して開かれていますか、そうだとすれば、どのようにそれが分かりますかと尋ねると、「**ほとんどのパキスタン人は、キリスト教の神は病気になった時に癒すことができる神だということを知っている**ため、伝道集会には多くのイスラム教徒が来る。そこで神の力の超自然的な現れを目撃すると、回心する人が多い」とのことでした。

パキスタンについて知っていることはこれで全部という状態で、最初の夜の集会を行いましたが、何も決めず自由にやろうということで、まずは街の外にある広場で説教することにしました。軍の監視が付いて来て、聴衆は小さなグループごとに固まって地べたに座っていました。聴衆は数百名で、軍のほうが人数が多かったほどです。説教が終わり、私たちは病人のために祈りました。大勢の人々が前に出て来て、種々の癒しを証言しました。耳が聞こえなかった人が聞こえるようになり、見えなかった人が見えるようになり、他にも素晴らしい奇跡が多くありました。

弱い時に奇跡が起こる～パキスタンにて（中編）～

翌日、集まる人は数千人規模に増えましたが、私の精神状態は良くありませんでした。心の中で大きくなっていく霊的な圧迫感があったからです（妻とメッセージのやり取りをすると、彼女はスイスにある私たちの会社にも同じ圧迫感を感じると言いました）。三日目、気分転換しようと思ってカラチの市場に散歩に出かけたのですが、却って悲惨な光景をいろいろと目にすることになっただけでした。中でも一人の乞食が目を引き、最初に見た時は「両手両足がない男性」だと思ったのですが、近づいて行くと、手も足もちゃんとあることが分かりました。ただ、その両腕が萎《な》え、体側に沿ってぶら下がっていたのです。足はと言えば、股関節の向きが異常で、両脚は（背中側を通って）天に向けて伸び、ちょうど肩の上に膝があって耳に接しており、下肢はそのまま前側に垂れて胸まで届いていました。そして、まるでそれらだけでは不足だとでも言わんばかりに、彼は聾唖《ろうあ》でもあったのです。

もともと弱っていた私の心は、そのショッキングな光景に耐えられず、折れてしまいました。真っすぐホテルに戻り、ベッドに崩れ落ちながら私は思いました。「もう十分だ。

社員たちを放ってこんな遠いところに来て、いったい自分は何をやっているんだろう。こんな悲惨、到底手に負えない。もう自分は、今まで十分がんばった。これ以上は無理だ。家に帰りたい」。最悪の精神状態に囚われていたその時、何も知らない仲間の牧師達が、プログラムの変更を伝えに部屋にやって来ました。当局の好意によるお達しで、街の中心部に移動することになったというのですが、新しい会場にチャレンジするような気力は、私には到底ありません。この働きでチームを組んでいた、自分の牧師でもあるレマン師に言いました。「僕は行けません。もうこれ以上、力が出ないんです」。ところが彼は分かってくれず、「ジョン＝リュック、主が共におられる！　行くんだ！」と無神経に激励するだけです。

言われた通り、私は立ち上がりました。ガンガン耳鳴りがして、とても説教できるような状態ではありませんでしたが、私は「彼を通して主が語られたのだ」と信じてそれをつかみ、自分の心の状態ではなく「受け取った御言葉」に従って、つまり信仰によって、行動することを選んだのです（ルカ五・五）。車で市の中心部に案内されると、驚くほどの群衆がすでに集まり、ステージが設置された交差点から分岐しているすべての道に人があふれ、家々の窓やバルコニー、屋根まで人で一杯になっていました。

私は心身共に最悪の状態でしたが、とにかく、這うようにして舞台に上りました。**その**

瞬間です。限界まで弱った自分の状態とは関係なく、直ちに神の力が現れるのを感じ、落ち込みによって見えなくなっていた私の霊の目も一瞬で完全に見えるようになっていました*。数秒前までと別人のように神の力に満たされた私は、近くにいた男性に向かって、大胆に最初の〈知識の言葉〉を語りました。彼の皮膚は黄変していましたが、それは肝炎のせいであり死が近いこと、しかし主は癒してくださるということを私は知っていました。聖霊様に捉えられた彼は素直にひざまずき、祈りの後で彼が立ち上がった時には、肝炎は完全に癒されて正常な顔色になっていたのです（後で知ったのですが、ステージは高位の宗教関係者だけのもので、この素晴らしい神癒を受けた彼は、実はイスラム警察の長として私を監視するため舞台にいたのだそうです）。

＊神が良いことを計画しておられたため、それを人々に届けるパイプ役である著者は悪魔からの霊的攻撃によってキャンセルの一歩手前まで精神的に追いつめられたが、弱さの中でも信仰を働かせ、従順に自分の立つべき場所に立った時、神の力が現れ始めたということ。

二番目はガンの癒しでした。少し離れたところに一人の牧師夫人がいたのですが、彼女は乳ガンで、医学的にはもはや何の望みもなく、せめて残り数日の命を自宅で過ごして最期を迎えるため、退院していたのです。創造者である神の御手が臨んで彼女の乳房を癒すのを霊の目で見た私は、彼女のため祈りました（しばらく後に聞いたところでは、彼女は神の力で完全に癒され、乳房は綺麗に再形成されたそうです）。

素晴らしい奇跡が次々と起こる中で、突然、私の立っている方に向けて何発もの銃声が聞こえました。通訳者が撃たれていないかと思ってとっさに目をやりましたが、大丈夫のようで、私自身も何ともありません。いったい弾はどこへ行ったのでしょうか？　間違いなく誰かが私の命を狙って発砲したのでしょうし、まだ発砲は続くかもしれませんが、その時の私は、詳しく知ろうとは思いませんでした。というのは、心があまりにも霊の領域へと引き上げられていたので、暗殺未遂などは些細《ささい》なことのように思われ、もはやそこに注意を向けることすらなかったのです。ともあれ、暗殺者の撃った銃弾が「消滅する」という奇跡が起こったのだとしか考えられません。集会は神の栄光に満ちあふれ、クライマックスを迎えているようでした。この、攻撃と栄光と高揚が渦のように入り混じった状況の只中で、私の人生の中でも最高に劇的と言える次のような出来事が起こったのです。

弱い時に奇跡が起こる～パキスタンにて（後編）～

　誰かがステージに布で包んだ大きな「肉の塊《かたまり》」を投げ込んだ、と思ったら、それはなんと、私がその午後に見た、股関節が逆向きの乞食でした。自分を捉える新たな〈同情〉、その場に明確に漂う聴衆の興奮と期待、そして悪霊たちからの圧迫といったもので、私の心は引き裂かれバラバラになりました。聴衆の精神状態は「信仰」から始まり「欲求と好奇心」を通って「挑戦」にまで至っていましたが、その熱気と同時に、「イエス様が神の御子だと証明されること」に対する**悪霊たちからの明確な反対**がこの集会の列の中にあることも強く感じられたのです。その渦の中で、種々の感覚・感情が私の心に生まれ、しばらくせめぎ合っていましたが、結局は〈同情〉が他を圧しました。そして私はこの、もはや体とも呼べないような体の中に囚《とら》われた男性の横に膝を着き、文字通り「神癒ミニスターとしての自分の全経験」を注ぎ込み、「知っている限りのすべてのメソッド」を総ざらいしたのでした。

　悪霊を追い出しました。

　神の油注ぎを解き放ちました。

主を賛美しました。

時間が過ぎていきます。

イエス様の血潮を呼び求めました。
この男性の上に何度も手を置きました。
彼を腕に抱きました。
聖書の御言葉をいくつも宣言しました。特にイザヤ書（五三・四～五）の「彼が担ったのはわたしたちの病／彼が負ったのはわたしたちの痛みであった（中略）彼の受けた懲らしめによってわたしたちに平和が与えられ／彼の受けた傷によって、わたしたちはいやされた」です。

もう完全に、十分以上は過ぎていました。横たわる彼の傍らで、何千人もの人々の前で見世物になって、ついに私は力尽きました。経験上、自分にできることは全部やり、今まで学んだ神癒のコツや理論はすべて適用しました。もうこれ以上、何もできません。他にも祈りを待っている病人がいますから、何も起こらないならここはもう切り上げなければなりません。虚《むな》しさと無力感の中で、何とか私は立ち上がりました。心の中は大きな悲しみと、それ以上に大きな〈同情〉で一杯でした。神癒の働きにおいて、癒しを見ない時の無力感は、もっとも苦しい感覚の一つです。それでも私は、他の病人たちのために祈りを続行しました。**なぜなら、それが主から与えられた私の務めだからです**。

そうして何分か過ぎた時です。何かが私の踵《くるぶし》、ズボンの裾に触れ*、その瞬間、私を通って、それまで経験したことのない（というのは私は子どものころ感電の経験があるので）何万ボルトもの放電が起こりました。そして、あの乞食の男性がすべての人々の前で「ポンっと宙に放り出されて、二メートルくらいの高さに浮いている」という驚くべき現象を見たのです。その放物線の頂点で、彼の逆さまに着いていた股関節の向きが矯正されました。次に、彼が地面に着地する瞬間、枯れ枝のように萎えていたその両腕が生き返り、正常なものになりました。そしてこの男性は大股で歩き、大声で神を賛美し始めたのです！　もちろん耳も聞こえるようになっていました！

*服の裾に触れて癒しを受け取ることについては、ルカ八・四三～四八など参照。カラチの市場で物乞いをしていたこの男性は地域住民に知られた存在であったため、この力強い神癒は地域全体に神の力を証明し、人々がイエス・キリストに心を開くきっかけとなった（使三・一〇、四・一六など参照）。神が

この男性を二メートルの高さにまで持ち上げられたのは、単なるオカルト現象などではなく「多数の者が奇跡を目撃して神を信じ、罪を悔い改めることができるように」との神慮であろう。

　この奇跡によって、ついに〈天〉（超自然的領域）と〈地〉（自然世界）との間の最後の障壁が消滅し、もはや何の霊的圧迫も、悪霊の反抗も存在しなくなりました。そこからは何もかもがスムーズになり、私の霊の目に見えている〈物質〉がすべて続々とそのまま現実化し始めたのです。ただ、とてつもない奇跡を見て熱狂した群衆がステージに上ってきて私に飛びつき始めたので、私はあらゆる方向から押し潰され、嬉しいと言っていられない危険な状態になってきました。結局、横から突然伸びて来た警官の手によって騒ぎの中から強引に引っ張り出された私は、そのまま抱えられ連れ去られたのですが、そうされながらも最後まで一人一人の癒しのために手を置き続けました。

　私が人間的には完全に燃え尽き、一歩も進めない状態になっていた時にこそ、神は働かれたのです。それは、人の知恵ではなく、神の御言葉の力を証明する聖霊様による宣教でした（一コリ二・一～五）。あの時、もし自分が普通の状態であったなら、果たしてあのような驚くべき奇跡は起こっただろうか、と思います。

絶対的従順（四十四歳）～イスラエルにて～

さて、従順が大切であることはすでにお話ししましたが、奇跡が行われるためには実際どの程度の従順が要求されるのか、ごく最近二〇一五年にイスラエルで私が経験した一連の出来事から考えてみたいと思います。

教会やその他の「イエス様を呼び求め、お仕えしている」と人々が主張する場所であっても、イエス様御自身が歓迎されているとは言えない場合が残念ながら多々あります。通常、私たちは嘘・貪欲・贅沢といった自分の悪い性質にはとても自覚がありますが、宗教的な自負心や高慢（ルカ一〇・二五～三七、一八・九～一四）は、もっとはるかに巧妙で見抜くことが難しく、そしてこれらのほうがもっとはるかに危険なのです。パウロが復活の主にお会いする前、教会を迫害していた時の態度がそれで、今日の過激派グループには一層はっきりとその態度が見られます。つまり「自分たちの宗教的立場こそもっとも優れたものであり、それ以外は根絶されるか、教化されるかしなければならない」という態度ですが、これは人間の根深い性質であって、自分がそのような状態にあると自覚することは難しく、ましてそこから解放されるのは一層難しいことです。**自分にその性向があると認め、きっぱりと捨て去るために聖霊様の力を呼び求める**以外に、脱出は不可能だと思います。

いつの時代も、多くのクリスチャンは、自分の内におられる聖霊様の御声への具体的な従順、「今直ちに」ということもある従順（ルカ五・五）よりも、プログラムや儀式が与える宗教的安心感を好みます（プログラムを持ってはいけないという意味では決してありません）。神の御声に従うのは安全圏から出ることであり、主導権を神に譲ることになるからで、プログラムや説教を聖霊様の導きに従ってその場で放棄し変更した経験がない人にとって、最初の一歩はとても不安だと思います。二〇一五年、私にとって初めてのイスラエル旅行の時、こんなことがありました。私はエルサレムにあるベトザタの池（ヨハ五章）に行きたいと思っていました。ベトザタの池の水には癒しの力があった、時々天使が水をかき混ぜたからだと書いてありますが、私は神癒ミニスターとして、その「癒しの天使」がまだそこにいるなら是非会いたかったのです。巡礼者がひしめく池の周囲を一巡りして探しましたが、天使はいませんでした。二周して探しても天使がいないので、がっかりしてホテルに戻ろうとした時です。入り口になんと天使ではなくイエス様御自身が、まぼろしではなく骨と肉のある通常の肉体の御姿でおられたのです*。イエス様は悲しそうで、涙を流しておられました。

＊イエス・キリストは生きておられ、いつでも、どんな形でも特別に御自身を示したり会話をなさることができるが、人間側の認識の度合いについてはケースバイケースであり、個人差もある。ルカ二四・一六、ヨハ二〇・一四、二一・四など参照。

「イエス様！　こんなところで、どうされたのですか」

「わたしは、癒しを行いたくてたまらないのだ。しかしこの場所を訪れる数多くの人々は全員、わたしの横を通り過ぎて行き、わたしが与えようとしているものを受け取る備えができていない」

「それなら、主よ！　少しお待ちください、福音を語り病人を癒す時間を持つように、私がちょっと行って、うちのグループの責任者たちから許可をもらって参りますから！」

私は走って行き、一人の責任者（カトリック）を見つけて話しかけました（イエス様が肉体を取ってそこにおられるといった、強制的になりかねない言い方は避けました）。彼は私の提案を拒絶しました。「時間がないんです。無理です」。別の責任者（福音派）も同じ返答でした。「すぐに次のグループが来るんです。見学はそれぞれ分単位で割り当てられていますから」

悲しくなり、泣きながら戻ってイエス様に申し上げました。「こんなにたくさん病人がいるのに、誰一人あなたを見ることも、感じることもなく、横を素通りして行きます。主よ、申し訳ございません」

「いつものことだ。実に、こういうことが多いのだ。人々はわたしを知らない。**彼らがわたしに気付けなかったのは、自分たちの伝統やプログラムに則っているからだ。わたしを尋ね求めているようでいて、実際は違う**のだ」

「では、イエス様。お願いいたします。土曜日の私たちの集会に私個人のゲストとしてお越しいただけませんか。私が説教者なので、あなた様にその場をゲストスピーカーとしてお任せします。病気の人々をいくらでも癒していただけますよ」

「宜しい、行こう」

それからの三日間は、ツアーの参加者たちと共に聖書縁《ゆかり》の他の場所を訪問しながらも私の心は土曜の集会に飛んでおり、ひたすら心の備えをしていました。集会の経緯や聴衆や自分の説教といった要素は二次的なものになり、ただ「主が約束通り来臨された時に自分が**それと分かり、ふさわしく歓迎できる霊的状態になっている**」ことを目指しましたが、それは、その部分さえ正しくできれば後は主御自身が奇跡によって御栄光を表してくださると分かっていたからです。ついに約束の夜、エルサレムとベツレヘムの間にあるキブツ・ホテルの会場にプロテスタント、カトリック、ユダヤ人、アラブ人が一致して集まり神に賛美を捧げ、次に私の出番になった時です。話し始めるとすぐに会場の左後方にある扉が開き、イエス様が入って来られました。ベトザタと同じ、骨と肉のある通常の肉体の御姿です。約束を守ってくださいました！

イエス様は会場の左後方から座席の間の通路を通り、階段状のホールの中を前方の私に向かって降りて来られたのですが、**イエス様の通られるところで奇跡が次々に湧き起こっていきました**。ある人は肩の怪我が癒され、別の人は腰の一部が欠けていたのですが、欠けていた部分が目の前で新しく出現したのです（創造的奇跡）。また私たちの旅行の最初から一緒だった車椅子の女性がいて、旅行中、誰もが彼女の癒しを祈ったものの、誰一人奇跡を実現化させられずにいたのですが、イエス様が優しく微笑みながら近付き、手を取られただけで彼女はうっとりと立ち上がり、走り始めたのです！　私は何もせず、ただ見ているだけでした。**栄光に満ちた御働きでした**。**イエス様は確かに、昨日も今日も、また永遠に変わることのない御方です**（ヘブ一三・八）。イエス様は、地上を歩まれた時代と同じように今も「病を癒したい」と願っておられます。私たちが信じず従わず、主を無視するせいで、プログラムに固執するせいで主の御業を妨げていることがどれほど多いことでしょう！　主は働いてくださいます、しかし私たちはそのために自己主張を止めて素直に主に従わなければならないのです。

自分が病気でも～フランスにて～

また別の忘れられない癒しは真夜中に、フランスのシャロン＝アン＝シャンパーニュで起こりました。その日、聖霊様が働かれたために集会が長引き深夜になり、ついに主催者たちが言いに来ました。「セキュリティのほうから、終了してくださいと言われました。もうすぐ真夜中で、ここは出ないといけません」。聖霊様が働いておられるのを中断し、病気の人たちをそのままにするのは残念でしたが、いつものように秩序を重んじて指示に従いました。ところが駐車場に出ると、極寒の中、大勢の人たちが建物の外で、祈ってもらうために待っていたのです！　私は一人一人のために時間を取りました。結局は求める全員に対応することができ、多くの人が触れられ、癒されたのですが、この達成感が完全なものになるためには、まだ最後に一つ仕事が残っていました。実は、該当者が見つからない〈知識の言葉〉が一つだけ残っていて、つまり「誰かがまだ癒しを必要としているはず」だったからです。しかし、聴衆はもう全員帰って行きました。ということは、主催チームのメンバーに関する〈知識の言葉〉だったのでしょうか？

車の中で私は運転手に打ち明けました。

「集会中、七十という数字がずっと心に重く響いていたんですけど。何か思い浮かびます？」

「七十ですか？　う～ん、そうだな、それって車のナンバープレートですか？」

「その辺は分からないですね。一人の人にその数字が結び付いているのが見えるんですが。声と胃に問題がある方です」

「いや、思い浮かばないですね。すみません」

間もなく車は到着しました。ロシェ（六章）が私に宿泊を提供してくれることになっていて、真夜中をとうに過ぎていましたが、多くの人が中で私を待ち、この素晴らしい夜を一緒に締め括《くく》ろうとしてくれていました。私は改めて例の〈知識の言葉〉を伝え、該当者を探そうとしました。すると、ロシェのメンバーの一人がこう言ったのです。

「おい、ご名答だよ（人気ドラマの決めゼリフ）。あんたの言葉はジャコブ爺さんのことだよ！」

ベルナール・ジャコブはジョン・ジョレス通り「七十」番地にあるこの団体ロシェの設立者です。食道裂孔ヘルニアを患っているために胃酸が逆流し、声が傷つけられている、とのことでした。私はすぐに彼のために祈り、それから寝ました。何週間か経って、自宅に郵便局から小包が届いたので開けてみると、ロシェのみんなが私への贈り物にしようと思いついて取り外した「七十」の住所表示鋳物《いもの》番号*が出てきたので、本当に驚きました！　ベルナール・ジャコブは祈りの後すぐに病が寛解し、すっかり元通り元気になられたそうですが、実はこの出来事は私にとって特別に印象深いものでした。というのは、実は私自身が同じ食道裂孔ヘルニアを患っていて、そのためにずっと祈り続けており、毎日薬も飲んでいるからです。だから何だというのでしょう？　私は**自分が弱くてもいい、病気でもいい、それでも人々のために祈れる**ということを学びました。神の働きは、私という人間の力とは関係ないからです。

*フランスでは、建物に表札などがなく住所表示鋳物番号が表札の代わりになっていることが多い。

神癒と医療の関係

私の病気の話が出ましたが、ちょうど良い機会なので、医療者への私の尊敬と感謝をここで表したいと思います。私は医療者を、自分とまったく同様同等の、神の僕と考えています。癒すのは神のみであって、医者であれ神癒ミニスターであれ、私たち人間は神に用いられる道具です。私は信仰と神癒の賜物によって、医療者は長年にわたる厳しい学びによって身に付けた能力と、医学が開発した機器によって。ヴォー大学医療センター医学部講堂の壁に白いエナメルで刻まれた、近代外科学の祖アンブロワーズ・パレの有名な言葉「我、包帯す。神、癒したもう」の通りです。**祈りとは一つのケアであり、思いやりの仕草です。医療も同じです**。私は奇跡の癒しを信じると同様に、多数の医者、看護士、その他健康に携わる職業者の労働、能力、献身と心映えを尊敬しています。

ある場合には、クリスチャンの祈りを通して、神は至高者らしく速やかに、時には瞬間的に癒されます。しかし投薬治療や手術の末に、回復期を経て癒されることもあります。両者は同じだけの価値を持ち、同じだけの栄光を創造者なる神に帰するものです。医療による癒しは、奇跡による癒しに比べてセカンドチョイスの癒しではありません。医療とは神の業への参加であり、神が人間に与えてくださった知識や技術を用いていくことだからです。私自身や家族のケアをしてくれた医師たちに、私は感謝しています。次章でお話しする重い病から私を救ってくれた精神科医にも感謝しています。

さらに、医師たちは私が癒しや医学や健康について「理解する」ことを大いに助けてくれました。私は彼らと手に手を取って働くことを、本当に好んでいます！　癒しの集会や神癒イベント準備地域委員会に参加する時、私は常に一人または何人かの医者と同行するように心がけています。というのは、確かに私は霊の目でいろいろな映像を見ますが、それをいつも説明できるわけではないからです。例えば、誰かの血管に沿ってブロッコリーみたいな物がはびこっているのを見ますが、そこに医者がいれば、それを「ポリープ」という学問的な言葉に翻訳してくれます。私はこの欠点を補おうとして解剖学の本を多く読みましたが、やはり非常に限界がありますし、医者がいてくれるほうが良いと思います。

この章を締めくくるに当たり、「奇跡とは何なのか」を改めて考えてみると、**最初の奇跡は天地創造でした。人の理解をはるかに超えた力と知恵と創造性がそこにおいて表されたのですが、科学がそれを探求するのには、まだまだ果てしない時間がかかることでしょう。神の力とは命の力、創造の力であって、それはこの地球という素晴らしい惑星とあらゆる形態の生物の根源にある力です。**この神の力が海を割き（出一四・五～三一）、砂漠を移動する百万の人々を四十年にわたって食べさせ（出一六章）、イエス様を死者の中から新しい朽ちない体でよみがえらせたのでした（ルカ二四章、一コリ一五章）。この神の力こそ、途方に暮れて苦しみさまよう今の世代の人々が必要としているものです。人々は、奇跡を行う神の力を見ることを必要としているのです。

第八章　死の陰の谷

苦難は人生の一部

この章では四十歳前後に経験した深刻なバーンアウトについてお話ししたいと思いますが、その前に、私の基本的な人生観のようなものをご紹介しておきます。思春期の頃から私は聖書の登場人物ヨシュアに共感し、見えない絆《きずな》まで感じていました。神との交わりへの飢え渇き、霊的な経験、困難に立ち向かい先駆者として状況を打開していく信仰の歩み、といった要素に惹かれましたし、彼が神から「御言葉を昼も夜も思いめぐらす」ことを命じられ、「そうすればすべての企てに成功する」との約束を受けたことにも共感しました（ヨシュ一・八）。自分自身の歩みを振り返っても、人生の転換点となった十六歳の時以来いつも心の深いところに「自分には成功が約束されている」という確信のようなものがあり、それが困難な時期にも自分を支えてきてくれたように思います。そして実際、職業研修生への採用から始まり、その後のキャリアにおける一つ一つのステップを改めて振り返る時、確かに自分自身も精一杯働きましたが、やはり「すべての成功は神の〈厚意〉によるものであった」としか思えないのです。

ただし、ここで一つ注意すべきことがあります。多くの人が無意識の内に「成功」というものを「試練や軋轢《あつれき》のない、いつもすべて上手くいく人生」のことだと考えていますが、実は、成功とは「勝利」すなわち「戦って勝つこと」であって、**戦いなしの勝利や成功というものはありません**。人間は誰でも、生まれるや否や最初の呼吸・寒さ・飢え・ウイルスといった数々の困難に直面します。人生とは素晴らしいものですが、それと同じくらい、戦いでもあるのです。私たちは悪が支配する世界、それどころか、私たちを〈命〉から遠ざけるためなら何でもしようとする敵（悪魔）が支配する世界の中で生きているからです。

神は善い御方で、神には何の悪いものもありません。悪魔は悪い存在で、悪魔には何の良いものもないのです。**堕落したこの世において、障害物や苦しみは、ただ生きているという事実からも、敵対する人々からも、そして霊の世界からも来ます**。私自身も、自分の選んだ生き方に伴って、多くの苦しみを経験してきました。子ども時代には虐めを受け、神に興味を示さない同級生らの中で「信仰篤《あつ》い変わり者」として、生まれ故郷なのに異邦人のように扱われたものでした。成長して、公共の場で福音を語ったり外国まで伝道旅行に出かけるようになると、暴力を受けたり危険な目に遭ったりもしました。聖書には「主に従う人には災いが重なる」（詩三四・二〇）と書かれています。主は御自分に従う者に祝福と成功を約束（詩二三、八一、マタ六・三三、一ヨハ五・五）してくださっていますが、同時に、神に従う者はイエス様の通られた苦しみを分かち合うとも教えられています（マコ一〇・三〇、フィリ一・二九）。イエス様は人々から見捨てられたのですから、主に従う者も、そのような経験に直面するのはむしろ当然のことなのです。ですから私は、若いころから一貫して「あらゆる困難の中で、主の〈厚意〉によって勝利していく、それが人生というものだ」という意識で生きてきました。

突然のショック（三十九歳）

さて二〇一〇年当時、私の会社は順風満帆《ぱん》に成長し、ＡＩＭＧは国際的に発展し、オーロン教会では若者向けの新しい開拓の働きが活発に始まっていました。私個人も、伝道のため国内外を飛び回り、夏を目前にボンケ師の招きでウクライナに行き三万人の前で説教したかと思うと、数日後にはスイス国立競技場で開かれた国内最大の宗教イベント「キリストの日」*において スピーカーの一人として語りました。「炎」をもって、情熱と信仰をもって説教し、イエス様を主として受け入れたことがない人々を主に招いたのです。

*フランス語の記事が以下にある。
https://www.swissinfo.ch/fre/toute-l-actu-en-bref/jour-du-christ--plus-de-25-000-protestants-prient-%C3%A0-berne/9087698

ところが、その素晴らしい集会のたった二日後の午前中、職場で社内会議を終えて自分のオフィスに戻った時、それまで不調の兆《きざ》しすらなかったにもかかわらず、私は突然床に崩れ落ちました。真昼間だというのに視界は真っ暗になり、それどころか私の耳には神の啓示ならぬ、悪魔の呪いの声がはっきり聞こえてきたのです。「終わった。お前のミニストリーは終わった、お前の会社は終わった、お前の家族は終わった、お前の健康は終わった、そしてお前は死ぬ」。この恐怖の体験の間、私は肉体の目も霊の目も見えないまま床に横たわっていました。いったいどういう状況なのか、霊の世界において何がどうなっているのか、知りたくても私の霊の目はまったく見えず、そのことがまた余計に恐怖心を掻き立てました。というのも、それまでの人生においては、主の恵みにより私の霊の目は基本的に開いており、事件や物事について、ある程度「前もって知っている」のが普通で、万事に落ち着いて対処する余裕があったのですが、今回の事件はわずかな予感すらなく、あまりに突然のブラックアウトでしたから、どうしたら良いのかまったく分からなかったからです。

しかし「神に捨てられた」とか「自分は死ぬのかな」と考えたり、「なぜこんなことが起こったのか」と原因を探ったり、天使や人間が助けに来るまで待ったりせず、私は視界が晴れて体を動かせるようになるとすぐに、自分の足で数百メートル先の自宅に戻りました。そのまま寝室に行こうと階段を上りましたが、数段上っただけで階段の下まで転げ落ちてしまい、体勢を整え直して再度挑戦しましたが結果は同じで、今度は吐き気をもよおしてきたためトイレまで這《は》っていき、そこで嘔吐していると、ちょうど医者である義兄がやって来ました。その日は息子ケントの誕生祝いで彼を招いていたからです。彼は直ちに薬を処方してくれ、私はみんなに助けられてベッドに入り、そこから週末まで三〜四日ほどぶっ通しで眠りました。

週末にはパチリと目が覚め、週末いっぱい体調はすこぶる良く、また「わたしを強めてくださる方のおかげで、わたしにはすべてが可能です」（フィリ四・一三）を信じて自分に当てはめ、大きな声で宣言もしました。こうして、再出発の準備は万端と思われたのですが、月曜日に起き上がって床に足を着けた私は、なんと再び床に崩れ落ちてしまったのです。しかも事態は悪化していました。というのは、今度は精神にも異常が起こっていて、私は子どものように泣きじゃくり、何かが完全に駄目になっていることは明らかだったからです。

その後の数週間は酷いもので、私は途方に暮れ、陰鬱《いんうつ》で、力を失っていました。もちろん説教関係の約束はすべてキャンセルし、事務仕事に専念しようと努めましたが、私の生産性はゼロでした。それに加えて、私の周囲にも内側にも「死」がひたひたと迫ってきました。数週間の内に近しい人が立て続けに亡くなったのです。母方の祖父、続いて祖母。私は彼らが大好きで、バカンスには毎年訪問していました。仲の良い友人も何人か亡くなり、その中には説教者仲間もいました。私自身も、自殺など考えたことのないタイプでしたが、服用していた薬のせいで不安感が増大し自殺を考えるようになりました。このように外側も内側も死の雰囲気に囲まれており、私の心は死と戦っていたのでした。本当に異常な状態で、例えば心臓が止まった幻覚が生じ、真昼間自宅の庭で倒れるのですが、実際には心臓はちゃんと動いていることが後で分かる（臓器幻覚の一種）という調子で、幻聴もありました。ある夜、家の前で「火事だ」という声が上がるのを聞いて目を覚まし、バケツに水を汲《く》み、火を消そうとパジャマ姿のまま全速力で家から出て行く私に、妻のジョジアーヌが落ち着かせるような声音で語りかけてきました。

「何してるの、ジョン＝リュック？　どこにも火なんてないわよ……」

どん底の状態

そんな状態で、間もなく私は働くこともできなくなりました。私の性格上、敗北宣言などは考えられないことでしたから、性懲《しょうこ》りもなくまたがんばって立ち上がろうとしたのですが、周囲の人々や医者が「止めてくれ」と懇願し「言うことを聞かないと本当に死んでしまうぞ」と断言するものですから、押し問答の末、最初にオフィスで倒れた日から一カ月半ほど後の八月の終わりに、私はついに降参し疾病休業を受け入れたのでした。それでも「これが長引いてはならない。ちょっと態勢を整えて元気を取り戻すだけの短期間だ」と思った私は、今までにないほど祈って＊次のように言いました。「主よ、奇跡を行われる神よ、これほど多くの国々で、あんなにも多くの人々をあなたが立たせるのを私は見てきました。しばしば、状態としては私より悪い人々でした。そのあなたに求めます。奇跡を行ってください、今度は私自身に！」

*「医者の不養生《ふようじょう》」という言葉があるが、神癒を行う働き人によく見られる傾向として、（面倒なのか）自分の病気のためにはあまり祈らないことが多いようである。

何時間も祈っていると、電話が鳴りました。ボンケ師でした。「君が助けを必要としているから会いに行け、と主が仰っている。今からそちらに行くけれど、いったい何があったんだい？」彼はイエス様に倣《なら》い、地球の反対側から、大きな宣教大会をキャンセルして飛行機に乗り、私の枕元で一日過ごすために、道に迷った一匹である私の世話をしに来てくれたのでした（ルカ一五・四）。それは祈りへの確かな答えであるように私には思われました。「この偉大な神の人は私に手を置いてくれるだろう、そして主は私を立たせてくださるだろう」と思ったのです。彼が家にやって来ると、私たちは何時間も語り合いました。私は人生という「あらゆる方面で抵抗し、戦い、勝利しなければならない、果てしない年月」の辛さについて話しましたが、そうやって話してみると、自分が知らず知らずの内に大きなプレッシャーを溜め込んでいたこと、それを誰にも話せてこなかったことに気付かされました。本当にすべてを吐き出すことができ、彼は黙ってすべてを聞いてくれ、祈ってくれたのです。

　彼が去った時、私は人間としての尊厳が新たにされたように感じ「自分は地面に打ち据《す》えられた弟のようだ。そして兄さんが救援に来てくれたのだ」と思うと晴れがましささえ感じました。それともう一つ、この訪問以降今日まで私の中にずっと残っている確信があります。「自分には主から与えられた召命があり、たとえ死の陰の谷＊を通っても、**この召命は無傷でそこから出てくるはずだ**」という確信です。この後に続いた過程を通じて、この思いは一層しっかりと私の心の中に確立しました。

　というのは、私の予想に反して、実はこの訪問の後から私の状態はむしろ悪化して半年もの長きにわたる渦巻の中に入り、その後おずおずと少しずつ回復の坂を上っていくことになったからです。自分が思い描いていた通りにパッと癒されるよりも、時間をかけて死の陰の谷を通り抜け、多くのことを学びながら最終的に完全な癒しへと導かれたおかげで、**たとえどんなに絶望的な状態になろうと、どんなに回復に時間がかかろうと、神の御計画は変わらないから絶対に大丈夫なのだ**ということを体験的に深く確信できるようになったのです。

＊希望の見えないどん底の状態のこと。詩二三・四参照。

最初の数カ月は、ますます泥沼に沈んで行く一方で、ついには精神病患者として閉じ込められねばならない状態になりました。家庭でも会社でも一人ですべてを差配しなければならない妻を残して、絵葉書に使われるような美しい景色に囲まれたスイスのクリニックに二か月半入院しましたが、檻に閉じこめられたライオンのようにすっかり身ぐるみ剥がされた気持ちで、途方に暮れ、「神癒の働き人じゃなかったのか」と人々から言われ（マタ二七・四二）、惨めな気持ちでした。それでも私の中にある他の病人に対する〈同情〉は続いており、私は患者仲間のために祈り続けました。病院付牧師《チャプレン》の前で泣いている時に突然、彼のための〈知識の言葉〉を受け取って伝えたこともありました。ほんの一瞬だけ役割があべこべになったわけですが、このように私の入院期間はどん底の、しかしまるで斑《まだら》模様の天気のように奇妙な感じの時期でした。

回復への道（四十歳）

職場で倒れた日から一年近くが過ぎた二〇一一年春、四回目のエキュメニカル神癒ミニストリー国際大会が近づいてきましたが、普通に考えると私は到底そこへ出かけて行けるような状態ではありませんでした。力は出ないし、老人のように震えているし、何でもないことで泣き出す状態で、群衆にも騒音にも耐えられないのですから。しかし別の考え方をすると、私は常々「この大会は苦しみの中にある方に最適の場所です。病気のお友だちを連れて来るのにもぴったりです」と公言してきたわけですから、お勧めの薬なら自分自身が飲んでみなければならないとも言えます。逃げてはならないと思った私は、結局大会に行くことにしました。実はこの大会の主催者は（書類上は）私だったのですが、現実には仲間たちが次々と登壇する中、もはやかつて存在した人物の残影に過ぎないものとして何千人もの聴衆に混じり、ただ最前列に座っているだけという状態でした。群衆、音楽の音、照明、すべてが辛く感じられ、私はさめざめと泣いていたのです。そして集会の中で、私自身も何百回となくやってきたように〈知識の言葉〉がマイクを通して語られるのを聞いたのでした。

「この会場にいる人の中に、睡眠の問題を抱えている人がいます。神様はその人を癒されます」

こういう場合、「統計的に、そりゃあ当たるだろう」と考える「論理的な」人もいるでしょう。スイス人の四分の一、フランス人の三分の一は睡眠障碍ですから、この規模の集まりなら該当者が千人単位であることは確実だからです。そのような受け止め方をするのは冷静で客観的かもしれませんが、実は、それでは癒しを受け取ることはできません*。というのは、自分の信仰を「起動」し「この言葉は神から直接自分に向けられたものだ」と信じることによって、宣言された癒しを自分のものとして現実に経験する、というのが最も一般的な神癒のあり方だからです。私が持っていた数々の症状の中には睡眠障害もありましたので、その時私は自分の信仰を働かせて、宣言された癒しを自分のものとしてつかみ取り、「聖霊様はもう自分の睡眠を回復し始めてくださった」と信じながら帰宅したのでした。

＊奇跡を受け取った人々の思考法や行動はしばしば客観性や論理性に欠け、時にはいわゆる社会常識をも欠いていたことが聖書に見られる。マタ一五・二六～二八、マコ二・四、五・二七～二八など参照。

首尾一貫するため睡眠薬には触らずに就寝しましたが、眠れないまま真夜中を過ぎ、ついに三時になり、その時点で私は主に申し上げました。「主よ、私がつかみ取ったあの御言葉の通り、あなたが私を癒やしてくださりつつあると信じております。私はあの御言葉によりすがり、否定することはありません。しかし今晩はまだ薬を飲ませていただきます」。翌日の夜もまた、ナイトテーブルにある薬を取り出さずにおき、羊を数えましたが、眠れないまま真夜中の二時になり、前の晩と同じように申し上げました。「主よ、あなたが癒してくださったことを信じています。あなたの御言葉を信じています。あなたが与えてくださったこの恵みをなくさず、しっかり保ちます……で、薬を飲ませていただきます」。三日目の夜もチャレンジしました。そしてついにその晩、薬なしで赤ん坊のようにぐっすり眠ることができたのでした！

そこで次の診療日に、薬を使った治療を一時的にすべて完全ストップしてみてもらえませんかと主治医に相談する段階へと進んでみました。薬を使わない場合の症状を確認し、薬の量や種類を減らしていくためです。当時私に処方されていた薬の総量を考えるとこれは命懸けで、専門家と相談しながら進める必要がありました。「癒しの過程が始まっており、現時点ですでに薬の一部は不要になっているはずだ」という確信を彼に分かち合ったところ、練達《れんたつ》の専門医でカトリックの信仰を持つこの先生が受け入れてくれたため、減薬の段階へと入っていけたのですが、**その時から私は新しく、自分自身の人生の中で、神は癒し主であられるということを経験し始めました。**この癒しの味わいは、それまで私が知っていたどんな種類の癒しとも異なって、瞬間的なものではなく漸進《ぜんしん》的なものであり、医師たちに助けられ、家族や友人や教会の祈りと助力に支えられて、少しずつ、しかし確実に、回復していくというものでした。約十年前に教会を変わるという試練を通った時に似て、私はゆっくり再スタートし始め、自分の使命を再び徐々に果たし始めたのです。

「主に従う人には災いが重なる」（詩三四・二〇）。神は御自分に従う者に祝福と成功を約束しておられますが、拒絶や困難に直面することも教えておられます。一年の中には春、夏、秋だけでなく冬もあるように、人生にも特に困難な時期というものがあるのです。聖書は、人生には種蒔《ま》きの季節と収穫の季節があること、また、癒すのにも死ぬのにも時があること、そして、働く時もあれば、立ち止まり休養する時、再生する時もあることを教えてくれます（コヘ三・一～八）。死んだような季節、冬のようにただ冷たくて、美しい春の日が再び巡ってくるのを待ち望むだけの季節もありますが、実はこの時にこそ木々は根をしっかり張り巡らしているのだそうです。同じように、**人生における冬のような望みのない時期こそが将来の備えとなり、私たちがますますキリストに似た者になっていくための助けになる**のだと思います。

より弱く、より強い

三十歳からバーンアウトまでの間、私には休みを取る習慣がなかった上、一日に十四〜十八時間も働いていていましたが、いつも元気で人間離れした活力にあふれていました。健康で元気な人というのは、それが自分の力なのか、神からの力なのか、はっきり分かりません。ただ「力がある」ということが分かっているだけです。この力が失われて初めて、**あれは主の恵みだったのだ、何かを行うことができるのは神だけなのだ**ということが、骨身《ほねみ》に染《し》みて本当に分かるようになるのです。聖書の教えによれば、「自分の力でやっていけなくなる」というのは悪いことではありません。イエス様は「わたしを離れては、あなたがたは何もできない」（ヨハ一五・五）と言われました。

バーンアウトまでの私の働きの中には、がんばって空しく空《くう》を切っているようなことが何度もあったように思います。結局、人前での説教ができない期間は実質二年間に及びましたが、そのおかげで、私は自分が「肉体を持った人間」であると気付くことができたのでした。聖書がはっきりと教えている週休＊というものの価値や、夜ごとの睡眠が自分の思っていたような「時間の無駄」などではなく、神からの祝福であること、そして運動や娯楽の必要性などを理解することができ、私の生活スタイルは変わりました。今では週に一回は運動をしますし、以前よりもきちんと、週に二晩は家族のために空けることにしています。一晩は愛する妻のため、もう一晩は子どもたちのためで、彼らが順番に選んだ、やりたいことを一緒にやるのです。また、以前の私は「アフター」つまり集会の後で行われる軽い食事会が好きでした。説教前は基本的に断食しているので、集会後のリラックスした交わりの中で食事ができるのはありがたいですし、美味しい物を私に食べさせてもてなそうとしてくださる心もありがたいものです。交わりの中で、世界やキリスト教界の回復のビジョンを語り合えるのも大きな恵みです。私はこの時間を特に大切に思って、以前は夜遅くまで交わっていたのですが、今では、非常に残念ですがそれを諦めました。というのは、**集会の後は必ず自分の部屋にこもって、聖霊様の訪れやまぼろし、〈同情〉、信仰の戦い、そして単純に人前でのスピーチによって、自分の魂が掻《か》き回された状態になっている、その動揺を鎮めなければならない**からです。時間としては、一時間ぐらいはかかります。主に感謝し、栄光をお捧げしながら過ごすのです。これをせずに興奮状態のまま眠ると、うまく眠れないため翌日以降の霊的な健康、肉体の健康に影響します。

*創二・二〜三、出二〇・九〜一一参照。

長く続いたこの死の陰の谷から、私は「以前より弱く、かつ強く」なって出て来たと思います。というのは、私の霊的な打力つまり霊の世界にある〈物質〉を現実世界に引っ張り出し、目に見える実際の結果を出す力は以前を上回っていると感じますが、同時に**その打力は以前にはなかった脆さの中で、私を救ってくださる方である主への新しい信頼の内に湧き上がってくる**のを感じるからです。ジョン＝リュックにあってではなく、主にあって、私は強いのです。聖書にもこう書かれています。

すると主は、「わたしの恵みはあなたに十分である。力は弱さの中でこそ十分に発揮されるのだ」と言われました。だから、キリストの力がわたしの内に宿るように、むしろ大いに喜んで自分の弱さを誇りましょう。（二コリ一二・九）

聖書はこのようにはっきりと語っていますが、人間はそれを聞きたくない時があるのではないでしょうか。しかし神は、人の自信が砕《くだ》かれ、弱い者とされ、ありのままの自分を差し出す、その度合いに応じて用いてくださる御方であり、「高慢な者を敵とし、謙遜な者には恵みをお与えになる」（ヤコ四・六）御方なのです。

主は暗闇の底にもおられる

この試練を通して私が変わった別の点としては、身心症、不安障碍、躁鬱病といった精神的な問題、現代的な魂の病で苦しむ人々への〈同情〉が、以前の十倍にもなったということがあります。これらの病気は、一見すると身体的問題ほど目立たないため注目されにくいのですが、同じくらい苦しいものであり、活動を妨げるものだということを私も体験しました。今日のような社会では、車椅子や視力障碍といった身体問題であっても、慢性鬱病や統合失調症といった精神問題であっても、生きることとの困難さは同じなのではないかと思います。また、精神的な問題を抱える人は増えてきており、誰でも周囲を見回せば、実は薬のおかげで何とか仕事に行ったり生活できている、という人が知り合いの中に誰か一人ぐらいはいるような時代になっています。この精神疾患を自分でも経験したからこそ言えるのですが、主は一人一人を、私にしてくださったのと同じように立ち直らせることがおできになります*。

＊医学的に見ても「精神疾患は完治しない」というのは誤解とされる。
https://www.mhlw.go.jp/kokoro/parent/case/mis/mis_06.html

どこに行けば
　あなたの霊から離れることができよう。
（詩一三九・七）

わたしは言う。
「闇の中でも主はわたしを見ておられる。
夜も光がわたしを照らし出す。」
闇もあなたに比べれば闇とは言えない。
夜も昼も共に光を放ち
闇も、光も、変わるところがない。
（同一一～一二）

陰府に身を横たえようとも
見よ、あなたはそこにいます。
（同八）

どんな時も、どこにいても、主は側《そば》におられます。暗黒の中にも共におられるのです。そして、救いの日はやって来ます！

この試練を通してもう一つ目を開かれたのは、病気が周囲に与える影響です。以前は病人本人にばかり注目していましたが、近くにいる助け手たち、言い換えれば、その病によって本人とまったく同程度にまで苦しむ近親者たちという役回りを、ようやく理解することができました。家族や周囲の者たち、医療関係者は病気の影響を大きく受けます。鬱病の場合、その人の周囲は特に大きな影響を受けます。

奇跡のスイッチである信仰を育てよう

さて、以上が私のバーンアウトについての話です。ここからは、「奇跡を起こす信仰」というものについて、私が今までの人生で理解してきたところをお分かちしたいと思います。私が働きを始めた当時、奇跡の頻度は集会ごとに数件程度でしたが、今日その数は比べ物にならないほど増えました。つまり仕事に習熟してきたわけですが、習熟といっても、実際には**聖霊様により頼むこと、「すべてを分析し理解したい」という誘惑から身を守ること、突き詰めればポイントはそれだけ**です。言い換えれば、神への「信仰」の前提は神への「信頼」である、ということですが、考えてみればそれは当たり前のことです。そして「信頼」とは心の中で「疑い」に場所を与えるのを止めることであり、「できるだろうか」「大丈夫だろうか」などと毎回問い直すのを止めることなのです。

ただ、信頼と信仰は完全に同一ではありません。信頼とは心の態度であり、正常な状態であれば自然に成長していくものですが、信仰というのはそれ以上に、実際の出来事に直面した時に出るとっさの反応や意思に関係しています。信仰は私たちの父なる神が地上と天を繋ぐために造られた言語です。いわばスイッチのようなもので、スイッチ自身は電気を生み出しませんが、スイッチを入れると電気がケーブルを通り必要なところにエネルギーをもたらすことができるように、信仰が働く時に奇跡が起こります。イエス様は、御自分が癒された幾人もの相手に、それを可能にしたのは「彼ら自身の信仰」であったと明言なさいました。長血に苦しんでいた女性に「娘よ、あなたの信仰があなたを救った。安心して行きなさい」（ルカ八・四八）、皮膚病が癒されて感謝を捧げた人に「立ち上がって、行きなさい。あなたの信仰があなたを救った」（ルカ一七・一九）、そしてエリコへの道で物乞いをしていた盲人に「見えるようになれ。あなたの信仰があなたを救った」（ルカ一八・四二）と言われたのです。信仰は救い・癒し・神の約束の実現・祝福をもたらします。言い換えれば、**信仰は私たちの日々の現実の中に天国（神の国、御国）をもたらす**のです。

信仰は「自分で育てていくもの」で、そういう意味では筋肉に似ています。建築労働者やプロボクサーの力こぶは子どもとは全然違いますが、それはただ実践と訓練を積み重ねてきた長い年月の結果に過ぎません。同じように、人間というのは全員ある程度の「信じる能力」を持っているのですが、それを鍛える必要があるのです。信仰の筋肉は使えば使うほど強くなるからで、ちょうど建築労働者が金属の梁《はり》を持ち上げたり、プロボクサーが敵をフック一発でぶちのめすように、訓練次第で、大きな困難に対処できる信仰が育つわけです。

考えてみれば、神の働きは「小さい」ものでもすべて尊い、驚くべき奇跡であって、あらゆる奇跡は信仰を要するのである以上、**多くの人はすでに信仰を働かせて何かしらの奇跡を受け取った経験がある**のです。あなたに頭痛を追い出すだけの信仰があるなら、主は誉めてくださいます。最初から、終末ステージのガンを追い出す信仰など、持っていなくてもいいのです。ただ、「自分がすでに持っている信仰」を忠実に鍛え続けましょう。頭痛の癒しをつかむだけの「小さな信仰」を忠実に用いていくなら、次の段階として、もう少し重大な病気や不具合に直面するように、主は導いてくださるでしょう。**自分が今持っている信仰の量り（ロマ一二・三、六）に応じて、機会あるごとに忠実に信仰を働かせ、周囲の人が利益を受けるようにしていくなら、つまり周囲の人のために祈っていくなら、あなたの信仰は必ず大きくなっていきます**。よく言われる通り、小事に忠実な者に、主は大事を委ねられるのです（ルカ一六・一〇）。そういうことで、誰でも麻痺患者が椅子から立ち上がるのを見ることができるようになるのですが、ただ、そうした信仰の行使は「段階を経て成長するものだ」ということです。

また、神癒を理解する上で必ず知っておきたいことは「天においては、すべての癒しはすでに獲得されている」という真理です。私たちの主は十字架にかかり、私たちの病を背負われたのですから（イザ五三・四）。従って、「大きな奇跡を見るためには、非常に大きな信仰が必要だ」というような法則は実は成り立ちません。実際、イエス様も言われました。「からし種一粒ほどの信仰があれば、この山に向かって、『ここから、あそこに移れ』と命じても、そのとおりになる。あなたがたにできないことは何もない」（マタ一七・二〇）。ですから「わずかな信仰」は山々を動かすのに十分なのです。取り掛かりさえすれば、確かに時間がかかる場合もあるでしょうが、それでも、いつか山はすべて移されるでしょう。

信仰を鍛える訓練は、できれば早期に始めることが望ましいと思います。主を最近知ったばかりの方や子育て中の方も、ぜひ取り掛かりましょう。私が子どもの頃から行っていた信仰の訓練は「与えること」でした。教会学校で習ったこと（二コリ九・六〜八）を実践したいと思った私は、アフリカ宣教資金の募金箱に全財産の五フラン硬貨を入れて言ったのです。「ご覧ください、主よ。あなたに差し上げました」。それは「捧げることはなくすこととは違う。自分の蒔いた種＊は実を結ぶはずだ」と、教え込まれた通りに信じていたからで、癒しに限らず、経済的なことでも信仰は訓練できるのです。なんと主は、数時間後に他の人から五フランをもらうという経験を私にさせてくださいました。七歳だった私にとって、それはどれほど印象深い神からの応答だったことでしょう！

＊聖書において、気前よく与えることはしばしば種蒔きに譬えられる。与える者への報いについては、ルカ六・三八、箴一一・二八など参照。

信仰は自分の経験に依存してはならない

長年自分の信仰を鍛え続けてきた結果、今では私は、耳・胃・関節関連なら無制限の信仰を獲得しました。無制限というのは、曲がっていても折れていても、それどころか「なくても」再建または創造される、つまり「創造的奇跡」を起こす信仰があるという意味ですが、このような大胆な信仰は「自分の」信仰ではなく「神が私の中に置かれた」信仰で、何か他人事のような、自分のものではないという感じがします。身体障碍者が車椅子から立ち上がるような神癒に関しては、以前は正直言って苦手分野でした。あまりその信仰を持てていなかったため、例外的に起こる程度だったのですが、最近では私の信仰が育ってきたようで、奇跡の数が増えてきました。こうして段々と私も成長しつつあるわけで、それに伴って「より大きなこと」を主が私に委ねてくださっていると思うと嬉しく、大いに励まされます。

しかし、ここで気を付けなければいけないことがあって、「これについては成功した経験があるから大丈夫」とか「あれについては以前駄目だったから信じられない」といった形で、神と聖書の約束よりも自分の経験や実績に信仰の根拠を置いてしまうと、罠にはまります。両者の区別は非常に重要で、私は「自分が何を経験してきたか」ではなく「神の御言葉」により頼むように意識していますが、それというのも、**信仰とは自分の経験に立つものではなく、確かに実現する神の御約束に立つものだからです。** **また信仰は「善なる御方である」「誠実な御方である」という神の不変の御性質に立つものでもあります。**

また「イエスの証しは預言の霊なのだ」（黙一九・一〇）とある通り、証言・報告も重要なものです。私も、同労の説教者たちも、癒された人々には直接その場で、聴衆の前で話をしてもらうよう積極的に促していますが、それは、イエス様の御業についての証言には預言としての機能があり、聴衆の信仰が掻き立てられて、神癒の大規模な好循環が生まれるという事実があるからです。こうして、多くの証を長年聞いてきた私は、「この人の人生にわたしが行った業を、再びわたしは行おう」と主が保証してくださるのを、自分の中で聞くことができるようになりました。ただし、どんな奇跡の証も信仰の「根拠」とせず、それらの証を「聖書の御言葉と結び付けて」考えることが大切です。確かに奇跡の証言によって大いに信仰は強められますが、土台は神の言葉である聖書に置くべきです。イエス様も「これらの奇跡を見た者には何でもできる」ではなく「信じる者には何でもできる」（マコ九・二三）と言われました。

以上をまとめると、自分の信仰を鍛えることも証を聞くことも非常に大切ですが、いざ病人のために祈る時には、自分が「すでに見たこと」や「まだ見ていないこと」、自分の「信仰力」、「過去の成功や失敗」等々に基づいて考えるのではなく、神の御言葉の上にのみ信仰を据えることが大切だ、ということです。そうすることによって自分が今まで経験したことのない奇跡を経験することができ、「主は常に自分の経験などよりも無限に大きな御方である」ということを理解できるようになるでしょう。

以上のことをパウロはこの上なく簡潔に「目に見えるものによらず、信仰によって歩んでいる」（二コリ五・七）と書きました。息を呑むほど印象的な表現です。それは例えば、生まれつきの盲人のために祈る場合、「前回同じようなケースで癒されたから」ということを根拠に奇跡が起こると信じるのではない、また逆に、もし「祈ったのに、盲人の目が開かなかった」としても、だから次も同じだろうとは思わないようにする、ということです。

また、信仰とは「事が起こる前に信じること」です。もし、あなたが病人のために祈る者となるために、まず何か奇跡が起こるのを待っているなら、そこには信仰はなく、従って奇跡もなく、従って神癒の働きはいつまでも始まらないでしょう。信仰というのは「リスクを取る」必要があるのです。人間的に十分やれるような仕事なら、何の信仰も必要ありません。イエス様の弟子ペトロ（ペテロ）はリスクを取りました。ガリラヤ湖が荒れていた時、イエス様が水の上を歩いて弟子たちのところへ来られ、「船の外に出てこちらへ来なさい」とペトロを招かれたのですが、「信仰は聞くことにより、しかも、キリストの言葉を聞くことによって始まる」（ロマ一〇・一七）とあるように、ペトロはその時、イエス様の御言葉に信を置き、リスクを取ったのです（マタ一四・二二～三三）。ペトロは「水の上を歩いた」のではありません（人体は水より重いですから、物理的にそれは成り立ちません）。そうではなくて、彼はキリストの御言葉の上を歩いたのです。つまり、神の言葉は人間を水の上で支えることができる（ヘブ一・三）ということで、あなたが病気のために祈る時にも、ペトロのようにリスクを取ることになります。自分が思ったような感じ、または相手が期待するような感じに祈りが聞かれないことのリスクです。「ネガティブな経験に勝利すること」は、信仰を実践する上で実に大きな課題です。多くのクリスチャンは、否定的な経験から信仰が揺らぐに任せ、それどころか消えるに任せてきました。**そこに表れているのは傲慢です。神にのみ属する神秘を、人間理性の領域に嵌め込もうとする態度です。** **神は当然、こうした態度に立ち向かわれます。** 疑問を持ち過ぎる人々は、すぐに負のスパイラルに入っていきます。そして「祈っても期待したような結果が得られないと、祈られた人を失望させる恐れがある」という理由で、病人のための祈りを止めてしまうことになります。

ですから私は、今までの歩みの中で「祈っても癒されない」経験も数多くしてきましたが、それらによって自分の考えが影響を受けないように努力しています。私はガンの癒しを多く見てきましたが、その一方で、自分の近親者を何人かガンで亡くしています。妻の母は一九九九年にすい臓ガンで亡くなりましたが、その時、私たちはあらゆる方法で祈り、医学的にも、知る限りのあらゆる手を打ちましたし、周囲も本人も、癒されるという信仰をしっかり持っていたにもかかわらず、状態は悪化していき、最期の時が来たことを誰もが悟ったのです。私はその晩の集会をキャンセルして彼女の横に夜通し付いていようとしたのですが、彼女は囁《ささや》きました。「今晩は集会でしょ？　じゃあ行きなさい。世界中、至るところへ行って語り、病人のために祈り続けなさい！」そう言われた私は、姑《しゅうとめ》に今生《こんじょう》の別れを告げて出かけ、私が集会で説教しているまさにその最中に、彼女は天の住処《すみか》に帰ったのでした。

このような経験をすると、神はなぜ彼女を癒されなかったのか、すい臓ガンは神にも難しいのか、などと人間は考えがちです。しかし**私は分析しようとも理解しようとも、説明しようとも思いません。私は信仰がマイナスな経験によって影響されることを拒絶し、ただ主の御手に委ねます。**さもないと、神癒が起こらなくなっていくからです。自分には理解できないことがある、それでいいのです。失望することがあっても、くよくよせず主の御手に委ね、同じポイントに再び攻撃を仕掛けていく時、私たちは勝利することができます。今でも私はすい臓ガンの人々のために当然祈りますし、義母の死以降、この同じ病が癒される奇跡を何度も見てきました。

恵みの神と共に生きる

以上、主と共に、主のために生きようとする中で私が経験したバーンアウト、その中で学んだこと、そして信仰とは何であり、具体的にはどのように鍛錬していくべきものなのかについてお話してきました。

これまでの人生を振り返って、私には「神を疑い、責め、離れようとする思い」という意味での「信仰の危機」は一度もなかったと、はっきり言えます。私は主を個人的に知り、友達や夫婦のような、お互いに裏切らない信頼関係を築いているからです。成功の中でも失敗の中でも、健康の中でも病の中でも、常に主に従い、主を第一にしてきました。また同時に、素晴らしい人生を生き生きと豊かに楽しんできました。主は私が未熟な働き手であった時も実を結ばせてくださいましたが、私が自分の「本来性能」をはるかに超えて突っ走り、福音宣教の炎、それまで数え切れないほど自分の人間的限界を突破させてくれたその炎で、ついに自分自身を燃やし尽くしてしまった時でさえ、なお用いてくださいました。主は真実な御方です。

主は、御自分を尋ね求めて従う決断をした者たちと共におられ、成功と〈厚意〉を与えると約束しておられますが、それは単なる心理的状態に止まるものではなく、ノアやアブラハムの場合のように、現世的で客観的な現実を意味します。この分野に濫用が見られる（いわゆる「繁栄の福音」）せいでアレルギーになっている人たちに、それを思い出してもらいたいと思います。イエス様御自身も「何よりもまず、神の国と神の義を求めなさい。そうすれば、これらのものはみな加えて与えられる」（マタ六・三三）と命じ、かつ約束されました（「これらのもの」とは私たちの現世的・物質的な必要のことです）。また聖書には、人生の危機やどん底の状態を表す「死の陰の谷」という言葉が出てくる有名な詩（詩二三）がありますが、これも結論部分は素晴らしい約束になっているのです。それは、生涯必ず恵みと〈慈しみ〉が伴う、という約束で、この「伴う」という言葉は原語のヘブライ語では「ラダフ」といって「追跡してくる」という意味です。追跡してくるからには、もし神の恵みと祝福を避けようと思ったら「一生懸命がんばって逃げなければいけない」

ということになるのではないでしょうか。

バーンアウトは私の人生で特に大きな危機でしたが、今まで生きてきた中では、他にもいろいろな試練がありました。それらすべての中で、主は私にお与えになった召命を保ち続けてくださったばかりか、純化し、より美しいものにしてくださったのだと思います。死の陰の谷の苦しみを通り、いろいろなことを学んだ私ですが、これからもたくさん間違え続けることでしょう。そして主は、これからも恵みを与え続けてくださるのです。

第九章　すべては内なる生活から

聖霊様と一緒に賜物を行使する

私に与えられた賜物である〈知識の言葉〉と奇跡と啓示は、イエス様が弟子たち（つまりクリスチャン）に約束された超自然の〈覆い〉（ルカ二四・四九）の一部であり、イエス様の力強い証人（使一・八）となるために必要なものですが、私はその賜物を手に入れるために何も支払っていませんし、人より優れているから資格を得たわけでもありません。それは純粋に主の恵みであり〈厚意〉であって、私はこの恵みを人生の早い時期から受け取っただけなのです。ただ同時に、私は幼少時から説教者達がこれらの賜物を用いるのを見て大好きになり、ずっと求めていたというのも事実です。とりわけ〈知識の言葉〉を用いる説教者が好きで、その賜物を求めました。幼い時に見て、好きになり、天のお父様にお願いして、与えられたのです*。

＊神からの良き贈り物は世の初めからあらかじめ用意されているが、「当事者の中に願望が生じて神に求める」というプロセスを経て実現するのが原則である。ルカ一一・一三、フィリ二・一三など参照。

時々誤解している人がいますが、クリスチャンには「エリート」「一般」という区別はありません。賜物を与えられるのも、一部の人ではなく全員です（一コリ一二・七、エフェ四・七）。つまり、すべてのクリスチャンが何かの賜物を受け取っているのですが、自分に与えられた賜物に気付かず、あるいは感謝せず、場合によっては他の人と比較して妬《ねた》んでしまうなど、自分の賜物を大切にできていないことが非常に多いのが実情です。これは聖霊様を悲しませ、自分も周囲の人も幸せになれない悲劇的なクリスチャン・ライフです。大切なのは賜物の「数」でも「強度」でもありません。受け取った物を用いてその人が何をするかです。この最終章では、私が自分の賜物について何を考え、何に気を付け、何を大切にしながら人々に仕えているかということを、一つの例としてご紹介したいと思います。

私は、肉眼では見えない物を霊において見る賜物が与えられているため、天使や悪霊、病、障碍、外見では分からない痛みなどを、霊の目で見ることが多いです。例えば、折れたまま治っていない鎖骨が見え、その鎖骨が十二年前に、スキーをしている時に折れたことや、事故が起こったその滑走コースまで見えることもあります。ここで気を付けるべきことは、「相手に伝えるタイミングや方法を、知恵をもって探る」ということです。当事者への配慮やT・P・Oを守ることは非常に大切で、いきなり「あなたです」と当事者を指差すより、「この辺の誰か」と言って本人の意思で名乗り出てもらうほうが良いし、その人に複数の病気があると分かっている時は、軽い方の病気を言うほうが非侵襲的です。また、差し支えのある病名や、立ち入った個人情報は伏せるべきです。その場（集会）に、儀式上とか制度上の枠があるならそれを尊重するように注意します。もともと自分が話す予定ならその順番を待ち、そうでないなら集会の責任者に、あなたがベストと思うタイミングで私に時間をください、とお願いします。

また、切れ目なくずっと聖霊様への敏感さを保つということが不可欠です。働き人の中には、主が「癒したい」と望まれる古傷の目印として、自分自身がその部位に一時的な痛みを感じるという人もいますが、私はほとんどの場合、身体的には何も感じず「見るだけ」ですから、聖霊様との緊密な連携を欠くと、たちまち行き詰まります。そのため、私の賜物に関する最初の「訓練」は、聖霊様の御声に対する感度を上げることでした。一般的に考えても、もし「賜物を用いることに習熟するためのテクニック」というものがあるとすれば、それはただ賜物を用いる際に「主に注意深く耳を傾けながら行う」ということでしょう。別の表現をすれば「知識や技術や経験ではなく、主と通じ合う心が一番大切」ということですが、それは、クリスチャンに約束された「力」（使一・八）というのが、単なるエネルギーやパワーではなく「パーソン」つまり「人格」であられるからです*。

*神学用語「位格」は「人格的交流の対象」としてイメージしにくいため、交流や友情に主眼がある箇所では「人格」の語を当てた。「人」という文字が入っているが、もちろん実際には「人」ではなく「神」である。

例の十六歳のファイヤー・カンファレンスの時、一つのビデオをエンドレス再生している展示ブースがありました。「聖霊様は、ものではなく人格《パーソン》である」*というその教えに吸い寄せられた私は、急くようにそのビデオを購入し、（それで終わりではなく、むしろ）そこをスタートに、この新しい発見を自分の方法で深め続けていきました。そして次第に本当に、単なるエネルギーなどではなく、地上に臨在される神御自身であり、イエス様が働きの場を譲られた（ヨハ一四・二六、一六・七）御方である聖霊様と、まるで人に対するようなリアルな感覚で接するようになっていったことは、一章で述べました。私は聖霊様に「あなた様が、単なる神学上の何かであってほしくありません。私はあなた様と親しくなりたいのです」とお願いしたのですが、その後しばらく経って、断食し祈る中で聖霊様に「私の人生で一番重要な御方になっていただきたいのです」と申し上げた時、「わたしもそうなりたいと思っている」という聖霊様からの応答が私の内に浮かび上がってきたのでした。こうして私たちは新しい関係を結んだのですが、四十代になった現在、「地球上で一番の親友は聖霊様である」と断言できます。アルスの司祭も言ったように、私にとって「信仰とは、人に話すように神に話すこと」なのです**。

*キリスト教では、神の「一」という性質すなわち唯一性は「三」という性質すなわち「父」「子」「聖霊」の三位格と神秘的に両立すると考えられているが、このうち「聖霊」はつかみどころのない気体のように捉えられがちであった。キャスリン・クルマンに私淑《ししゅく》したベニー・ヒンは「父」「子」と同じく交流可能な人格的存在としての「聖霊」を教えることで、キリスト教界に大きな影響を与えた。

** http://evene.lefigaro.fr/citations/le-cure-d-ars

部屋で主と二人きりになって

私は、何があっても主と毎朝お会いすることに決めています（日常の活動を始める前に、瞑想の時間を持つという意味です）。私が受け取ってきた教えの大部分は、**人から学んだのではなく、この個人的な祈りの時間の中で、天の御父の心から私の心に直接語られ、聖書に書かれた御言葉によって確認されたものです**。時々「あなたが経験したすべてのしると奇跡の中で、もっとも強烈に神様の臨在を感じたのはどの場面でしたか？」と尋ねられますが、答えは「自分の部屋で一人きりの時」です。クリスチャンにとって、一番大切なのは人々に見られている時間ではなく、主と二人きりでいる時間です。人の目は演技で欺くこともできるでしょうが、主を欺くことは決してできません。私を造られた御方、私のすべてを知っておられるこの御方の前で、私は裸であり、脆い存在です。私の戦いも、問題も、望みも一切を知っておられる主からの優しい恵みほど麗しく力強いものは、世界のどこにもありません。主と二人きりで向き合うこの時間、私は心を込めてひざまずき、自分が主を必要としていること、主なしには何もできないことを認めます。すると私の情緒と身体が主を感じ始め、次に私の霊が目覚める*、これが一番肝心です。この現象を言葉で説明し尽くすことはできません。それは宗教的な儀式や法則を完全に超えた出来事です。

＊単なる霊感体験やオカルトと異なり、イエス・キリストに帰依《きえ》して神の養子（ガラ四・五）となった者としての霊的アイデンティティーが祈りの中で再確認され、霊において神との交流が始まることを指す。

私たちが、悟り・賜物・問題の解決・癒し・疑問への答えといった種々の「宝」を主からいただくには、謙遜に、真剣に、完全に自らを明け渡す必要があります。さもないと宝をいただだいた時に、自分に何か資格があると考えたり、「主のためにこれを成し遂げたのは私です」というような台詞で、主の栄誉と栄光を盗む場合があるからです。神は御自身の栄光を、誰とも分かち合われないのです（イザ四二・八）。ちなみに、強情を張らず主に明け渡し、自分が主なしに生きていけない者であることを認め、素直になる時には、何か謝るべきことがなかったかも自然に見えてくるものです。それは「主との関係を何にもまして大切に思うので、汚物をいつまでもそのままにしておくことなどあり得ない」ということです。主を慕う心は、間違いを犯した時はすぐに気付き、直ちに主に謝罪し、間違いを正します（一つの失敗を千回謝る必要はありません。主に謝るだけではなく、迷惑をかけた人がいれば謝罪し、償い、間違いを言っていた場合は訂正します)。悔い改めたなら主は忘れてくださいますから、私も二度とそのことは考えません。「もし、わたしたちが自分の罪を告白するならば、神は真実で正しいかたであるから、その罪をゆるし」(口語訳、一ヨハ一・九)てくださいます。悔い改めとは、毎朝シャワーを浴びるように大切な、魂の衛生習慣です。もし私たちが罪で一杯になっているなら、主は私たちを満たすことがおできにならないでしょう。「すでに満たされているものを満たすことはできない」*からです。私たちが素直に自分を空っぽにするなら、主が御自身で満たしてくださるでしょう。

*マザー・テレサの言葉。
https://hiroshisj.hatenablog.com/entry/20080602/1212410646

こうして主の前に自分を空っぽにする時、不思議と、主への強い飢え渇きが心の中に生まれ、私の心は主の心に向かい、主の心は私の心に向かう、その二つの動きが同時に起こります。主を讃え、主が自分にとってどんな御方なのかを主に伝えたい、どれほど愛しているか叫びたい、そして私や家族にしてくださったすべてのことに感謝を捧げたい、そんな気持ちになります。そうすると、ますます御臨在を感じ、するとますます心を注ぎ出したくなります。しかしこの循環は、すぐに限界に突き当ります。人間の言葉では、もうこの心の高揚、主の麗しさ、偉大さ、聖性を表現することはできなくなるからです。そうすると、聖霊様が友として助けてくださり、私は天の言葉（一コリ一三・一）で誉め歌い始めます。「主に聞き、礼拝し、感じ、触れたい」という飢え渇きがどんどん大きくなっていき、夫婦の親密さに似た深い交わりが生まれて「神秘的に主と顔を合わせる」ような経験をする、この深く真実な交流の中で、朽ちることのない天の種（一ペト一・二三）が私の心の土壌に入り込み、私の心は、内側から飛び出してくる言葉や啓示やアイデアといった新しい命を、豊かに解き放つようになるのです。

また、文字通り超自然が部屋に「侵入」してきます。つまり、炎が私を包み、神の栄光が雲のように取り囲むのを感じ、部屋の中の天使が見え、手が本物の物理的な油に塗れる、といったいわゆる超常現象が起こるのです。これらは「神との出会いから流れ出てくる」という以外に説明できない、不思議な現象ですが、実は私はこうした現象をまったく追い求めていません。それらは勝手に起こるだけであって、私自身が追及するのは、天との交流が本物であること、濃厚なものであること、天の霊的現実が私の地上の自然的現実を覆い尽くすこと、それだけなのです。

聖書を読みたいという気持ち

さて、祈りの中でそのような状態になると、次は聖書の中に飛び込みたくなってきます。聖書は「書かれた言葉」ですが、超自然に目覚めた状態の魂にとっては「今、主から語られるフレッシュな言葉」、焼きたての素晴らしい香りを放つ朝の食卓のパンのようになるのです。知識を増やすためというより、主と会話しながら聖書を読むのが楽しいので、つい長引いてしまいます（止まらなくなって何時間も読み続けることもあります）。**聖書を通して聖霊様が直接私に語りかけ、方向づけ、刷新してくださるその経験を毎日新たにすることによってのみ、私は地上での使命を果たすことができている**、というのが正直な実感です。

聖書は人気のある本（実際には多くの書を集めた「全集」）ですが、聖霊様なしに聖書を読んでも神を知ることはできません。主との個人的関係に入るまでは、聖書は道徳と知恵と詩歌と祈りと物語の本に過ぎず、難解さとショッキングな箇所に満ちています。たとえて言えば、私は外国語の本を持っているようなもので、理解するためには翻訳してくれる誰かが必要であり、この翻訳者の名前が聖霊様と仰るのです。ただ聖霊様だけが、神の深さを測ることができ、神の言葉の真髄へと私たちを導くことができるからです。私は世界の四大陸を旅する中で、聖書を本当に愛し研究し引用するけれども主との個人的な関係を経験していない人々に出会うことがあります。文字にこだわり過ぎて、主がなさりたいことを視界から見失っていないでしょうか。それだけではなく、終いには神がなさりたいことに敵対し、人々を〈命〉も喜びもない精神的牢獄に閉じ込めてしまっていないでしょうか。イエス様は言われました。「あなたたちは聖書も神の力も知らないから、そんな思い違いをしている」（マコ一二・二四）。

反対に、まず神の愛と恵みに生きるなら、そして主と交わるなら、必ず聖書を読みたい気持ちが起こってくるものです。もちろん人間にはいろいろな日がありますから、聖書を読むのがいつも楽しいとは限りません。それでも聖書は毎日の糧《かて》ですから、自分の健康のために、気が向いても向かなくても、体調が良くても悪くても、毎朝この〈命のパン〉を食べて神の御声に耳を傾ける習慣を私は身に付けました。それは大切なことです（もし目覚ましが鳴らなくて、主との朝の時間を持ち損ねても大丈夫です。その日のどこかで取り戻せば良いのです）。ただし、例えば何の喜びもなく「義務感だけで」毎日祈ったり聖書を読もうとすると、すぐに骨の折れるしんどい時間になってしまいます。その場合、まず主と自分の関係がリアルで魅力を感じるものになるよう、こわばった自分の心の状態を直視し、主の助けを求めることが必要です。一方、利益ばかりを求めてそれを行うなら、つまり上司に意見や指示をもらうかのような感覚だけでいくなら、私たちの心は満たされないでしょうし、主の心も満たされないでしょう。その場合、心の動機を吟味する必要があります。**霊において主との交わりに生きる、そしてその中で聖書を味わうということは、真実な愛の関係を土台としています。愛による交流は相互の献身によって生まれるもので、規則によっては決して生まれません。**一方、そのようにして生まれた交流を「保っていく」ためには、次に「毎日時間を決めて守る」といった規律が必要になってくるのだと思います。

聖書は最大の宝

神の言葉である聖書を愛さずに、神を愛することは不可能です。私たちの世代はあまり聖書を読まず、より感情的な神体験を好み、音楽をかけたり「ソーキング」と呼ばれるキリスト教式のリラクゼーションを用いますが、これらが「聖書の御言葉が占めるべき位置」に置かれるなら、心の中に満たされない「欠落」が生じ、信仰生活を脅かすことすらあります。霊的経験と聖書の御言葉のバランスを取ることは、超自然の領域で進歩を遂げたいと願うすべてのクリスチャンへの、神からの命令です。神は霊ですが、御子の位格《ペルソナ》においては永遠の〈ことば《ロゴス》〉です。聖霊様によって人間となり、私たちの間に住まわれました（ヨハ一・一四）。聖霊様は私たちの内に〈ことば《ロゴス》〉を刻み込むことを願ってくださっています。**感情だけの経験というものは、長く残りません。聖霊様によって私たちの内に深く刻み込まれた聖書の御言葉《ロゴス》だけが、私たちの内に新しい人を確かに造り上げ、刷新し、人生そのものを築き上げるのです**（コロ三・一〇）。

　主との交わりの中でも「聖書を読む」というこの側面は、確かに努力や知性を必要とする部分です。神は毎日御言葉の中から、その日に応じた語りかけや悟りを与え、難局にある時は救い出してくださいますが、黄金の宝にも等しいこれらの恵みを受け取るためには、大きな石を篩《ふるい》にかけ、小さな石を鉢で選り分けるという、まさしく「黄金の採取と同じ作業」が必要になるのです。篩や鉢とは、脚注つき聖書、コンコルダンス、神学事典、注釈書《コメンタリー》などのことで、今日ではコンピューターとインターネットのおかげでこうした道具が本当に身近なものになりました。これらを使って聖句を掘り下げ、黄金を取り出すのですが、それには練習も必要で、年数をかけて段々上手になるものです*。

*例えば、時系列でなくテーマによって同心円状に記述する、故事を引用する時に細部を変更したり、本来の文脈を無視するといった、「伝えたいメッセージを絵画のように浮き立たせる」ためのヘブライ文学の手法、また古代中東世界の法や文化の知識など、聖書を適切に理解するために知っておくべきことは少なくない。

私は八歳の時にもらった古い聖書を肌身離さず持っており、読み過ぎたために外れているページもありますが、これが今も私にとって基準の聖書です。時には他の翻訳も参照し、新たな発見をします。英語でもよく読みます。また読書プランを用いるなど、組織立てて読むことを心がけています。ごく若い頃は、創世記から黙示録まで読み通し、終わったら創世記に戻ってまた黙示録まで、とやっていました。今では、一書を読み終えて次の一書に行くようにはしていますが、どの書を選ぶかは主に導かれるままにして、聖書の中を旅しています。篩からあふれないよう、一度に何十ページも読むことはしません。リーズナブルな量を取り、聖霊様の助けによって日々そこから黄金を取り出そうと試みています。

聖書の余白に、コメント・自分の心の状態・その箇所が啓示のように（つまり黄金の宝として）新たに与えられた日付などを書き込むこともあります。当たり前ですが、主は努力する者を尊重される御方であって、御自身を探し求め、聞き従うための手段を調える人に対して、主の恵みはあふれます。そうです、聖書にコツコツ取り組む努力は必ず報われるのです！

　今までご紹介してきたやり方とは逆の順番で、まず直接聖書に向かう方法もあります。それが形式的な読書に終わらず、主を深く感じる経験になるのであれば、それもたいへん良いと思います。その場合は、まずイエス様を証しされる聖霊様（ヨハ一五・二六）を呼び求め、「聖書が理解できるように助けてください」と心を込めて祈ります（二コリ三・一四～一七）。それから読み始め、書かれた文字が「霊であり、命」（ヨハ六・六三）になったと感じるまで読み進めます。そこを起点に、主との深い霊的な交わりに入って行くのです。どのような順番であっても、**大切なのは聖書が単なる文字や知識を超えて、今日の私に語りかける「生きた言葉」となり、それによって「神は今ここにおられる」と感じる、そのリアリティ**です。私たちを養い、整えるのは単なる文字ではなく「主の臨在の中での、生き生きした教え」という超自然的な恵みであるからです。

「あなたがたの思い煩いを、いっさい神にゆだねなさい」（新改訳、一ペテ五・七）とは、このようにして神と深く交わる時間の描写だと思います。私は、自分から出てくるものをすべて主に委ねます。ほとんどは信頼と愛ですが、有限で弱く間違いだらけの人間であるゆえに、心配事や重荷もあるわけで、それも全部お委ねする時、主は労《いたわ》ってくださり、御自身の平和と慈しみを分かち合ってくださいます。それは機械的な祈りや用件のリストではなく、愛に基づく超自然的な会話なのです（その中で、主は私が現実化するべき超自然的〈物質〉も与えてくださいます）。この得がたいひと時、導かれるままに、自分の感情や疑問を委ね、思い煩いから解放され、自分の霊的成長のために祈り、家族のために執り成し、主から今日必要な助言・矯正・慰め・教えなどを日々受け取るのです。

働き《ミニストリー》よりも大切

ここまでお話ししたことは、「すべての人がこの方法で神と交わるべきだ」という意味ではなく、私個人のケースでは主に対する渇望がどのように具体的に表れているのかをご紹介しただけです。私は私なりの方法で「神を知り、愛し、リアルな関係を持ち、理解し、つかみ、主の御性質を歓迎して、自分を造り変えていただこうとしている」わけですが、これがジョン＝リュック・トラクセルという一人の人間の、源《みなもと》であり、中心点です。必要な力を受け取るのも、この本でお話ししてきたような〈知識の言葉〉や未来の映像、語るべき説教、会社や説教活動に関わる知恵を受け取るのも、この個人的な祈りの時間の中なのです（私は、責任者として何足もの草鞋《わらじ》を履いているため、このひと時がないとやっていけないのは明らかです）。イエス様が三年間も御自分の教えを受け、日常的に奇跡も見ていた直弟子たちを叱責して「一時間」*わたしと共に祈れないのか、と言われた御言葉（マタ二六・四〇）を、私は非常に真剣に受け取り、毎日、一時間以上は一人で主と交わる時間を持つように、できるだけ努めています。

*「ひと時」と訳すこともできるが、フランス語を含め多くの翻訳では「一時間」と訳されている。

すべての方、特に若い方にお勧めします。「主にお仕えしたい」「大きく用いられたい」という夢を持っているなら、主と個人的に交わる毎日の「デボーション」を絶対的優先事項にしましょう。このひと時の中心は二つあって、「聖霊様との交わり」と「聖書」です。この習慣は、自分自身がそう決心することによって始まります。モーセの後継者として約束の地を征服したヨシュアは、聖所を見守る義務を持つ祭司の一族ではありませんでしたが神の臨在を愛して聖所に留まり長く時間を過ごしたと言われています（出三三・一一）。神を第一にして一日を始めると、思った以上に祝福があります。つまり、一日を生きていく上で必要なすべての力がそこで与えられ、予想以上にいろいろなことがきちんと処理できて、一日の終わりを迎えることができるということです。それともう一つ、神と交流するこの時間は、実はそこだけで終わらず一日中続いていきます。一人きりで主と交わった部屋を出た後も、この交わりの空気の中に留まるよう努めるなら、一日の中で、それに負けない素晴らしい神体験をいろいろとすることもあります（ただし、あくまでそれらは、このデボーションの時間あってのものであることを忘れてはいけません）。

ヨシュアがイスラエルの指導者としての使命を果たし始めた時、主は「神の言葉を絶え間なく思い巡らす」よう注意喚起されました。「この律法の書をあなたの口から離すことなく、昼も夜も口ずさみ、そこに書かれていることをすべて忠実に守りなさい。そうすれば、あなたは、その行く先々で栄え、成功する」（ヨシュ一・八）。つまり、もし人間が繁栄し奇跡を経験しながら生きていきたいなら、聖書が生活の一部でなければならないということだと思います。

御言葉の宝は蓄積される

そして、こうした時間を地道に毎日積み重ねていくと、日ごとに与えられた「生きた言葉」の宝が長年の間に蓄積し、後々必要が生じた時に、聖霊様が（または自分自身が）さっと取り出して用いることができるようになります。**単に「聖書にそう書かれている」という知識ではなく、自分の中に深く刻まれ、自分の精神と同化し、実際にその効力を経験したことのある聖書の御言葉を、私たちが確信をもって宣言する時、聖霊様がその御言葉を具体化し確証されます**。つまり、現実に奇跡が起こったり状況が変化するということです。自分のためであれ、他人のためであれ、個人の生活、教会関係、仕事などどんな場面であっても、どんな種類の問題に関してでも、奇跡を見ることができます。

また、「説教」とは「一人で主と交わる時間の中で与えられたものを、他の人々に受け渡す」ということです。ですから、説教は教会組織のエリートや、職業的な説教者に限定されるものではありません。個人的に主を知るすべてのクリスチャンは、説教するように、つまり自分が味わった〈命のパン〉を他の人にも与えて養うように、召されています。ある人は大勢の前でマイクを使って、別の人は同僚たちとスナックを前にして、別の人は、ただ配偶者や自分の子どもたちに、霊的な糧を分け与えるのです。

私たちはインスタントの世界に生きているため、「苦労せずすぐに受け取る」ことに慣れています。確かに、主は瞬時にいろいろの状況を一掃しようとお決めになることもあり、それは「奇跡」と呼ばれます。しかし通常の場合、**神は時間をかけて働かれます。主は時間がおありになるのです。人間のほうが、時間がなくなってしまっているだけです。**目をつぶって高速道路を突っ走るように主が導かれることは稀《まれ》です。主は良き羊飼い（詩二三・一、ヨハ一〇・一一）ですから、私たちは山や谷を抜ける長い田舎道を、主に従って行きましょう。時には霧が立ち込めて、先が見えなくなることもあります。切り立った崖の上、険しく細い道になったりもしますが、羊飼いに従って行くなら、必ずや、聖書において「出会い」と「啓示」と「変容」の場所とされている頂上にたどり着きます（出一九・二〇、王上一九・八～一八、マタ一七・一～一二）。

正直に、素直に

昔と違って、私のことを知っている人が増えました。世の常ですが、見た目の印象で批判する人がいます。何でも批判の材料になります。私は仕事柄リーダーを務めることが習慣になっていますし、仕事上でも教会でも、聞くより話す側に回ることが多いため、行く先々で全員の注目を集めたがっているように見えるかもしれません。私以外の似たような立場の人々もこうした批判を受けがちです*。

*マタ七・一～三、ロマ一四・四、一〇他参照。聖書は人を裁く者、とりわけ自分の責任下にない無関係の相手を批判する者は神に裁かれると繰り返し警告している。まして根拠が伝聞や思い込みである、動機が嫉妬やゴシップ精神である、結論が神の意見と相違しているといった場合に、「自分への神の裁き」がどうなるか、改めて考えさせられる。

逆に、控え目で遠慮深く、はっきり意見を言わないけれども、心底傲慢な人たちもいるものです。真面目で信心深い様子だし、人生を生きていく上で一生懸命努力もしているけれど、心が傲慢で高慢なために、神と調和できない人々（ルカ一八・一四）がいる一方で、信心深い外見はないが、神の〈厚意〉が豊かに伴っている人々がいます。彼らの心は主に属し、主の内にあるからです。神は心の奥底を見られ、一人一人を完全に知っておられます（サム上一六・七、詩一三九・一）。謙遜は栄光に先立つのです（箴二九・二三）。聖書は「何を守るよりも、自分の心を守れ。そこに命の源がある」（箴四・二三）、また「あなたがたは自分自身に気をつけ、自分の心を生涯毎日見張りなさい」（SER、申四・九）と教えています。何よりも自分の「心を守る」こと、つまり謙遜であり素直であることを第一にせよということです。「謙遜」は聖霊様との関係の中でこそ培われます。人の視線や評価から解放された一人きりの場所で主と向き合い「完全な脆さ」を学ぶ時、**すべては恵みであり、自分は何者でもないのだ**と知るようになるからです。与えられた賜物を錬磨《れんま》するのも、その素晴らしい恵みの臨在の中においてなのです。

　現代のヨーロッパ人の多くは、決して膝を着きませんが、私は主の前にひざまずきたいと感じることが多く、そういう時は、一人でも教会の集会でもまったく同じように心を込めてひざまずきます。人が「芝居がかっている」と批評しようとも関係なく、**私は主の御前に、真実をもって自分自身でありたいと思うのです**。**主と二人三脚で歩むこうした日常の一部として、神癒による福音宣教にも出かけます**。ステージに立つ時は、主の御栄光を尋ね求めることを約束して立ち、どんなに大きな奇跡があったとしても、集会が終わればホテルの部屋に戻り、最初にすることはベッドの横にひざまずいてシンプルにこう祈ることです。

「主よ、今晩あなたが行われたすべての御業に感謝いたします。私は、自分がどこから来たのか、決して忘れません*。私は何者でもありません。これらのしるしは、すべて私ではなく、あなたが行われたものです。私は自分をあなたに差し出し、あなたが御業をなされました」

それから、いつもと同じように布団に入り、いつもと同じ早朝の時刻に目覚ましを合わせるのです。世界一の親友、聖霊様の素晴らしい恵みに浸された、新しい一日のために。

*申七・七、サム下七・八、一八参照。

謝辞

まず、家族に感謝を捧げます。妻のジョジアーヌは我が人生の愛、子どもたちの母、私のカウンセラー、恋人、親友、良い時も悪い時も側にいてくれた女性です。驚くべき胆力をもって、栄光の時も、死の陰の谷底でも一緒にいてくれました。それから、子どもたちとその配偶者たちに感謝します。彼らは私の人生の幸福であり、彼らを誇りに思い心底愛しています。君たちの愛、理解、支え、私の使命への敬意をありがとう。

幼年時代に聖書的原則をしっかりと教えてくれ、聖霊に満ちた神の僕たちに会わせてくれた両親に感謝します。すでに主の御許《もと》に行った大好きな祖父母、代父母*ら、常に支えてきてくれた人たちに感謝します。誰よりも忠実で大切な祈り手である、祖母ロジーにも。

*生涯にわたって第二の親のような存在。たいていは親族の誰か。

日曜学校の先生として、聖書の内容への情熱と愛着を教えてくれたマリ＝テレーズ・ビユシェに感謝します。

義兄ジョン=ミシェル・ビグレールは、男兄弟を持たない私にとって実の兄弟同様であり、家族の大切な主治医として私たちを長年ずっとメンテナンスしてきてくれました。

ヴェルネールとマド牧師夫妻、私たち一家を、もっとも辛い時期に教会メンバーとして受け入れ、私が召命の道を再び歩き始めるように助けてくださったことを感謝しています。ヴェルネールは、スイス・アルプスのアラリンホルン登山も導いてくれました！

オーロン教会の皆さんに感謝します。自分のことよりも神の国のことを思っている教会で、周囲を明るく照らすことに熱心です。教会スタッフ、特にクレール・リズとフィリップ・シェルピオに、ＡＩＭＧスタッフや祈りのスタッフ、また数々の嵐の中でも長年忠実に働き続けてきてくれたボランティア・スタッフの皆さんに感謝します。

先輩ミニスターたちに感謝します。私にとっても他の伝道者たちにとっても「総大将」であり、同時に私の友、助言者、病の床を地球の反対側から見舞ってくださったラインハルト・ボンケ。按手をしてくださったオーラル・ロバーツ。また、特にフランス語圏での大規模伝道集会の道を拓いたＴ．Ｌ．オズボーン、ジョン=ルイ・ジャイエ。インスピレーションを与えてくれたメンターであり、病人のためのミニストリーの先輩であるイアン・アンドリューズ。ビリー・ジョーとシャロンのドアティー夫妻。長年、特に私が病気だった時に助言し支えてくれたジョン=クロード・シャブロ。AIMGの生みの親であるジム&ラモナ・リッカード。いつも相談に乗り、導いてくれたハイジ・ベイカーとビル・ジョンソン。スイスでは、ポール・エメス、ゲリ・ケレール*、ハンスペーター・ヌイシュ、マルティン・ビュールマン、ティエリ&モニク・ジュヴェに、心から感謝を捧げます。

*改革派牧師。宗教改革期に再洗礼派《アナバプテスト》を迫害した改革派教会からアーミッシュとメノナイト（再洗礼派の後継）への謝罪と和解を実現した。

本書のために、プルミエール・パルティ社代表のピエール・ショッスに連絡を取るよう言ってくれた、ダヴィド・ボノムの支援にも感謝します。執筆を手伝ってくれたジョエル・レモンや、プルミエール・パルティ社のスタッフにも。

最後に、長年の誠実な仲間で一致の働きのパイオニアであるカルロス・パイオンや、近年私が共に歩むことを学んだ、レミ・シャパシェール、ジョン=ミシェル・トゥールといった神父たち、そして牧師たちに感謝します。共に御国（天国・神の国）のために働く中で、彼らは私に霊感を与え、励まし、助けてきてくれました。多くの仲間に言及できていませんが、誰のことも忘れてはいません。そして、あなたがあなたであることに、永遠に感謝を捧げます！

訳者あとがき

日本人は無宗教ですが唯物論者ではありません。「神を否定するつもりはないし、何かそういう存在はあると思う」という方が大多数です。一方でその神のイメージとなると意見が分かれ、「神というものは人間の理解など及ばない捉えどころのない存在で、はるか遠くから静かに人間を見守っているのだろう」「神とはその地域の守護などの役割を担い、悩みも限界も欠点もある、目に見えないだけで人間に似た親しみやすい存在だ」「私の心の中に神（の一部）があり、宇宙の美しさという神と響き合っているのを感じる」などと言います。

よく考えてみると、これらの神イメージはすべて想像、願望、推察、「そう感じる」ということが根拠であって、客観的な証拠はありません。圧倒的な客観性と説得力をもって迫ってくる本書を読んで、自分の想定と重なる部分もありながら、大きく異なる部分もある、そんな神の現実《リアル》が見えたのではないでしょうか。きっと、何か新しい気付きがあったことでしょう。「神は思っていたよりもリアルな存在なんだな」「自分で作った神イメージではなく、本当の姿をもっと知れたらいいな」「一度教会に行ってみようかな」「ネットでもっと調べてみよう」「聖書を読んでみたい」などと思われた方もあるでしょう。

兼好法師ではありませんが、何事にも「先達《せんだつ》はあらまほしきこと」です。音楽でもスポーツでもコーチなしに上達することは難しく、人生においても親や師の存在が重要であるのと同じことです。孤独は独善にもつながります。だからといって、（完璧な人間はおらず、また必要もありませんが）あまりにおかしなコーチも困ります。正体を隠した新興宗教に引っかかってもいけません。またインターネットこそ無責任な嘘の宝庫で、断定的にものを言う浅学の人間があふれています。ですから何かを始める前に、まずは祈ってみてください。宇宙のすべてよりもはるかに超越した最高の存在、慈愛の御方をイメージし、「人生の大切なことに無知であったことをお赦しください。あなたを知り、人間として正しい歩みをしていくため、良い仲間に出会わせてください。人は間違いやすいものですから、罠や偽物からお守りください」と真剣に申し上げることをお勧めします。

常識も働かせましょう。「実によって木を知る」という原則があります。見た目や一時の印象ではなく、結果で良し悪しを判断するという意味です。この人はすごい、分かってくれる、全部言い当てられた、などと思ってファンになっても、非常識であったり、健全な社会生活を営んでいない、お金を要求する、おかしなこと（呪術、服装など細かい規則、家族から離れることや集団生活など）を強制する……こういう不健全な人に関わるのは止めたほうが良いでしょう。誰を、何を選ぶのかに、自分の人格（甘えや誠実さ）が表れます。責任ある選択をしていただきたいと思います。

また、本書にも書かれていましたが「聖書を基準とする」のが一番確かで安全です。**聖書は神について、人生について、人類史上最も多くの人に支持されてきた教えの全集です。**いわば絶対多数派です。世界で毎年最も多く売れ、読まれている本であり、世界で最初に印刷された本です。同列に並べて比較できる本は他にはありません。著者も言うように霊的な本、祈りつつ読むべき本であり、普通に読んで分かる本ではありませんが、いかに理解が難しくとも、これが基準であることは揺るぎません。聖書を理解するには、原語を参照したり、複数の翻訳を比較したり、いろいろな解釈を知ることが役に立ちます。程度問題ですが、あまりにも特定の翻訳や解釈しか認めない人やグループは避けたほうが良いでしょう（例えば「一般に流布している聖書は誤訳に満ちており、この翻訳だけが正しい」とか、「聖書を自分で読むよりも、○○先生の教えを疑わずに信じれば良い」といった特殊な主張をする集団もあります）。

日本では聖書は簡単に購入できますが、装丁やサイズごとに値段が違うので気をつけましょう。無料アプリYou Versionなどでも読むことができます。**聖書は先人《せんじん》の、**

時に命懸けの努力によって正確に継承され、今も世界中からの寄付によって無料アプリなどが運営されているおかげで、手軽に無料で読めるのだということを理解し、ありがたく読みたいものです。独立した本を集めた全集ですから、どこから読んでも構いません。まずは本書に示された引照箇所を確認しながら慣れていきましょう。聖書全冊を読むのは辞書を読破するように時間がかかりますし、解釈が難しい箇所もありますが、投げ出さず気長に取り組みましょう。本書で取り上げられていた「読書プラン」も（「デボーション・ブック」などの名称で）種々あります（ＹｏｕＶｅｒｓｉｏｎアプリの中にもあります）。また、クラウドファンディング経営の「聖書プロジェクト」という団体は聖書の内容をテーマや書ごとに簡潔に解説してくれるビデオを数多く提供しています。一度に欲張らず、著者も言う通り「リーズナブルな量」を楽しみましょう。もし読書プランやビデオを使わず、聖書そのものを読みたい場合は、比較的親しみやすい「ルカによる福音書」「ヨハネによる福音書」「使徒言行録」（「使徒行伝」「使徒の働き」ともいいます）の三冊を続けて読んでみるのも良い方法です。

聖書は家で一人でも読めますが、人間には愛し合う仲間が必要だ、と神様は仰っています。時には傷つけ合うこともあるでしょうが、また赦し合って、共に祈り合う仲間がいてこそ人間は健全に成長できます。もちろん、仲間を見つけても各自の責任がなくなるわけではなく、「まちがってはいけない、神は侮《あなど》られるようなかたではない。人は自分のまいたものを、刈り取ることになる」（口語訳、ガラ六・七）とあるように、自分の人生の責任を取るのはあくまでも自分自身です。どんな素晴らしい教会を見つけたとしても、「真剣に祈り、自分の責任で進む」という基本姿勢は変わりません。**神を畏れて歩むことは人間の本分であって、他人任せにしたり、誰かのせいにしたりできるものではない**からです。

かつては、ほとんどの宗教で「人は死んだ後、人生の支払いをすることになる」という考えがあり、それは常識で考えても当たり前の感覚でしたが、社会が豊かになり、安全になるにつれ、そんな教えを聞きたがる人も教える人もほとんどいなくなりました。けれども、真理は人間の好みに左右されるものではありません。「どんな生き方をしてもまったく自分の自由であり、何の責任も支払いも生じない」と信じて好き放題に自己中心的に生きることは、普通の神経では考えられないですし、人生経験が教えてくれる真理とも調和しません。聖書は言っています。「わたしたちは皆、キリスト（神王という意味）の裁きの座の前に立ち、善であれ悪であれ、めいめい体を住みかとしていたときに行ったことに応じて、報いを受けねばならない」（二コリ五・一〇）。

世の中には「知らなかった」では済まないことがたくさんあります。例えば、パスポートがなければ、どんなに泣いても事情を説明しても、知らなかったと訴えても、国境を越えることはできません。また、もしスイスに行ったとして、スイスについての他人の情報や意見を鵜呑《うの》みにしていざ行ってみたら、予想と全然違っていた、なんてこともあるでしょう。現実はこちらの希望に沿ってくれません。偽情報をもたらした人を恨んでも、責めても、調査不足の刈り取りをするのは自分自身です。死後の世界についての不正確な情報が世の中にはあふれています。人生が終わった時に調査不足の刈り取り（著者によれば永遠の溺死）をすることにならないようにしたいものです。

世界で最も多くの人間が信じている聖書の神様は、単なる外国の神様ではありません。世界の神様ですから、日本人の神様でもあります。神の御子イエス様の十字架のありがたい御支払いには、日本人の分も入っています。この御方の聖なる霊は今もあなたの側におられ、あなたのすべてを知ってくださっています。今日の問題、来年の心配、仕事の悩み、家族のこと、心身の病気、経済、どんな分野でも具体的にお祈りして構わない、万能で全能の、善い神様なのです。真剣に祈るなら、実生活の中にリアルに現れてくださいます。すべての支払いは十字架ですでに完了しているのです。

クリスチャンの方へ。あなたは、どんな神々とも比較できないこの至高の御神を知り、十字架の辛苦をもってあなたを愛してくださった御子イエス様を知るという大きな祝福の内にあります。この本を読んで、どう感じましたか。日本はクリスチャンが少なく、奇跡の経験を持っている（自覚している）人はさらに少ないという現実があります。その理由や解決策が、本書を読む中で少し見えてきたのではないでしょうか。

あるいは、あなたも以前はそういう経験をしていたけれど、どこかの時点で分からなくなった（自分が病気になったり、癒しが実現しないまま亡くなった人がいたために）かもしれません。失望して、もしやイエス様に見捨てられたのではないかと疑い、心が固くなってしまっていたかもしれません。自分の理解や経験を優先する「高慢の罠」について著者は語っています。基準は自分の経験や教理ではなく聖書です。聖書を、特に「使徒言行録」を、慣れ親しんだ解釈の色眼鏡を外して、素直に読み直してみてください。日本人クリスチャンの不信仰が、新しく神に近づこうとする周囲の日本人を躓《つまず》かせたり邪魔をしないように。聖書と神のリアルに飢え渇き、初心に帰って祈りましょう。

誰であっても、至高の御神の御前でしっかり生きていくならば、決して一人ぼっちになることはありません。肉体という住処を離れる日が来ても、この愛の関係は問題なくそのまま続きます。人間の救い主であられる御子イエス様の御名において、あなたの魂が永遠に幸せであるようお祈りしています。

著　者

ジョン=リュック・トラクセル

1970 年生まれ。スイス人。ブレザレン派出身の伝道者。世界百か国以上で、教派を超えた一致・ストレートな福音メッセージ・大規模回心・著しい奇跡と聖霊のバプテスマを特徴とする集会を開催している。神癒ミニストリー国際協会 AIMG 会長。ネイル事業の AKYADO 創業者。ダニエル・コレンダと共にグローバル・エバンジェリスト・アライアンス共同責任者を務めている。孫が四人。最新著作『奇跡といやしの実践（未訳）』。

訳　者

福岡みちる

1971 年生まれ。牧師。フランス語教員。学術博士。日本中に聖書の神と故郷の景色を広めようと、友人の YouTube チャンネルで「Salut Michiru」シリーズを継続中。

装丁：　長尾　優

奇跡の裏側　あるスイス人伝道者の人生

2024 年 11 月 20 日　第 1 版第 1 刷発行

ジョン=リュック・トラクセル

発行所　株式会社 キリスト新聞社 出版事業課

〒112-0014 東京都文京区関口1-44-4　電話03（5579）2432
URL. http://www.kirishin.com
E-Mail. support@kirishin.com
印刷　協友株式会社

ISBN978-4-87395-838-5　C0016（日キ販）　Printed in Japan